Das Teatro Olimpico in Vicenza

Fernando Rigon

Das Teatro Olimpico in Vicenza

Electa

Fotoaufnahmen
Fototecnica, Vicenza

Übersetzung
Steffen Wendler

Der Autor möchte Iole Adami, Mauro Passarin und Lorenzo Ceretta für deren Hilfestellungen danken

Inhaltsverzeichnis

In Erinnerung an Licisco Magagnato,
dem großen Kenner und Forscher des Teatro Olimpico.

Einleitung

Der heutige Corso Palladio, die Hauptverkehrsstraße der Stadt Vicenza, ist ein Teil der antiken römischen Via Postumia, die von Genua nach Wien führte.
An einer deren Extremitäten, Richtung Osten und linker Hand, entstand in der Nähe einer größeren Verbreiterung, der sogenannten Isola, im Laufe des Mittelalters das Castello del Territorio.[1] Das Schloß wurde an einem strategisch neuralgischen Punkt erbaut – in der Nähe einer ebenfalls aus römischer Zeit stammenden, in späterer Zeit Ponte degli Angeli genannten Brücke, über die noch heute der Hauptverkehrsstrom der Stadt über den Fluß Bacchiglione – nach Nordosten in Richtung Treviso und nach Südosten nach Padua – führt.
Auf einem Abschnitt des Geländes des Castello del Territorio befindet sich an Stelle der sogenannten Alten Gefängnisse, an den unregelmäßigen Verlauf der Mauern angelehnt und in denselben fast verborgen, das Teatro Olimpico.
Im allgemeinen ist der nach Vicenza kommende Besucher recht verwundert, keine äußere Erscheinung eines derart berühmten und gefeierten Bauwerkes innerhalb der *facies* der Stadt wahrzunehmen, sondern es an diesem geheimen und abgelegenen Ort, an dem es erbaut wurde, aufzuspüren.
Die Gründe für diese wesentlichen Eigenschaften des großen Meisterwerkes und die Motive für diese Entscheidung, die bei erster Betrachtung äußerst verwunderlich erscheinen mögen, werden im Verlauf der vorliegenden Abhandlung dem Leser klarer werden.
Um zum Teatro Olimpico zu gelangen, betritt man zunächst den großen Innenhof des Castello del Territorio, dessen äußere Begrenzung heute nur noch aus einzelnen, in deren Textur vielfach veränderten Mauersegmenten besteht.
Der Innenbereich ist heute als Gartenfläche angelegt mit hinten links dem Theaterkomplex, der in der Mitte eine Art groß angelegter Absis aufweist. Letztere sollte man sich in der Erinnerung behalten, um im Inneren des Theaters die Entstehung und die "Addierung" der Theaterkulissen verstehen zu können.
Durch das feierliche Bossenwerkportal, des Portale dell'Armamentario, das 1600 von O. Bruti Revese errichtet wurde, gelangt man in die Gartenanlage des Castello – die im Hintergrund von einem vielfach umgeänderten Turm, dem sogenannten Torre dell'Osservatorio überragt wird – und läßt den Lärm der Stadt hinter sich. Heute befinden sich hier steinerne Statuen und Fragmente von nicht immer sicherer Herkunft.
Der Zugang zum Theater erfolgt über einen langen Korridor im Anschluß an die Räume des Kartenverkaufes, die aus dem in der Nordhälfte der Alten Gefängnisse befindlichen Gebäude gewonnen wurden, in dessen Obergeschossen noch heute die Accademia Olimpica, welche 1580 den Bau des Theaters beschloß, ihren Sitz hat.
Von dem Korridor aus hat man Zutritt zu den Garderoberäumen der Schauspieler sowie zu weiteren Diensträumen für die im Teatro Olimpico stattfindenden Vorstellungen.
An den Wänden – hier, wie an jenen des Antiodeums, zu dem wir in Kürze gelangen – befinden sich eine Reihe von kürzlich restaurierten Bildern des Museo Civico der Stadt Vicenza mit den Bildnissen von Persönlichkeiten aus der Zeit 1580-1640, d.h. der Phase der Erbauung des Theaters und der dazugehörigen Gebäude.
Der erste große Saal, in den man im Anschluß an den Korridor gelangt, ist der sogenannte Odéo Olimpico von 1608-1645, der, wie im Alten Griechenland, für die musikalischen Darbietungen vorgesehen war.
In diesem von Vincenzo Scamozzi entworfenen Saal finden noch heute die berühmten "Tagungen" der Accademia Olimpica statt: Konferenzen, Begegnungen, Debatten und Zeremonien, die nicht ausschließlich für die Mitglieder reserviert sind. Die Wände des Odeums sind mit ausgezeichneten, leider nicht immer gut erhaltenen Fresken (circa aus dem Jahre 1634) ausgeschmückt. Diese werden dem Vicentiner Francesco Maffei zugeschrieben, der hier die gewohnten Götter des Olymps als Personifizierungen der Planeten monochrom in Ocker in vorgetäuschten Nischen malte.[2]
Der Dekor sollte, ebenso wie jener, dem wir im Inneren des Theaters begegnen werden, die Akademie und deren Mitglieder hervorheben. Oberhalb der Darstellungen und der Türen wurden die Wappen, und im oberen Register, zwischen den Karyatiden, die Widmungen der verdienstvollen Bürger eingesetzt.

Andrea Palladio (?), architektonische Studien zum römischen Berga-Theater in Vicenza. London, Royal Institute of British Architects, Drawings Collection, X,1.

8

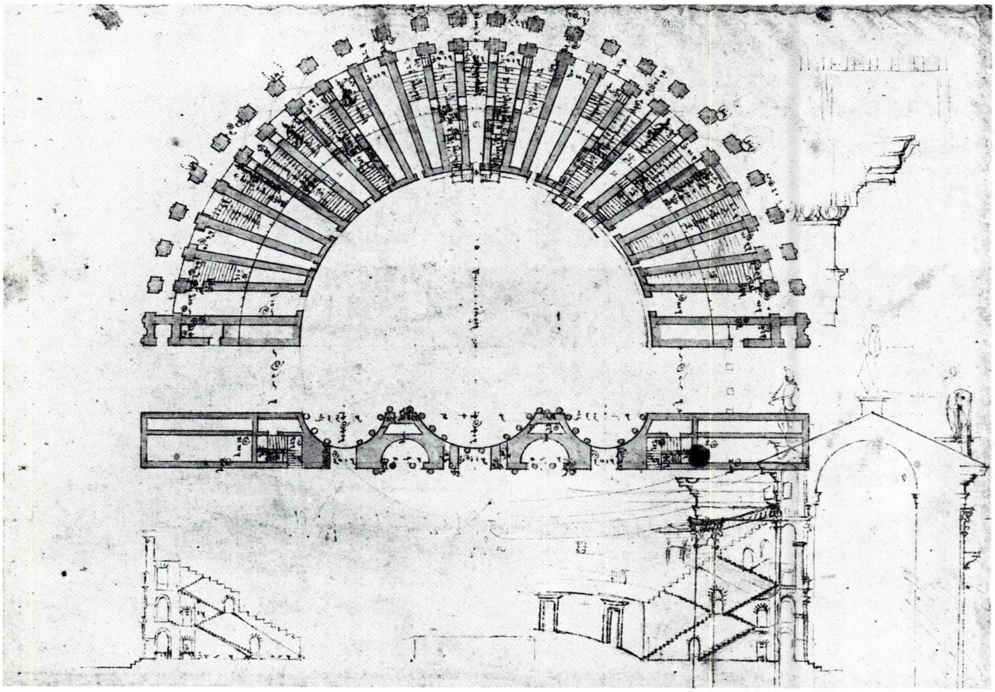

Weibliche Statue, vermutlich eine Matrone aus der Familie des Julius-Claudius (Antonia Minor?) darstellend, vom Proszenium des römischen Berga-Theaters in Vicenza. Vicenza, Museo Civico.

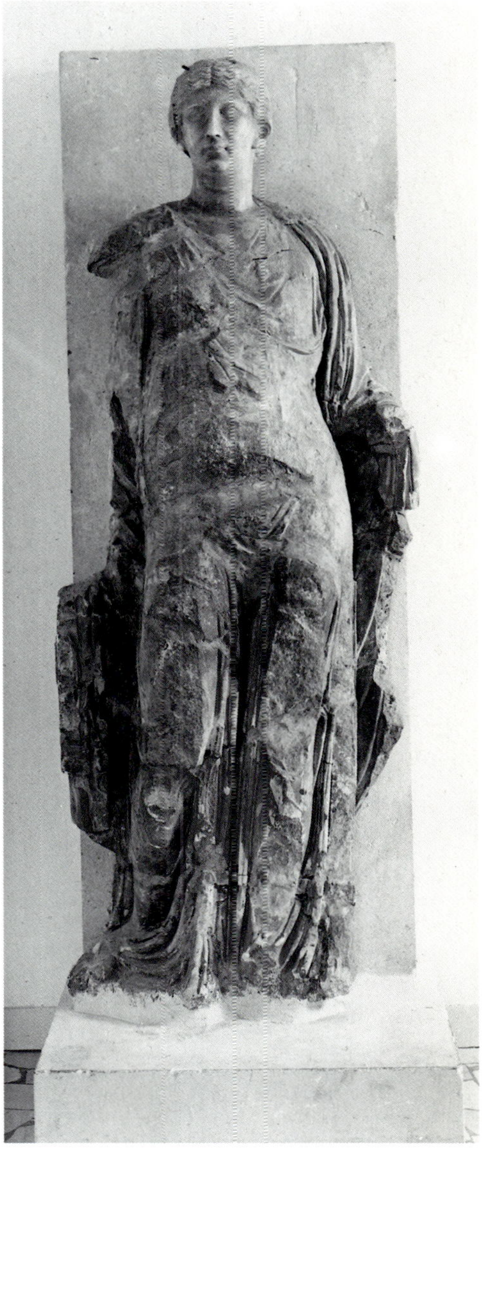

In der Ecke links neben der Eingangstür befindet sich ein ziemlich beschädigter Stein-Torso des Cinquecento auf einem mit einer Aufschrift versehenen Sockel. Hierbei handelt es sich um die Darstellung Herkules', des Helden der Accademia Olimpica; die Inschrift beinhaltet das Motto "Hoc opus, hic labor est". Und genau vor dieser wertvollen Kostbarkeit lohnt sich eine Pause, um sich kurz mit der Geschichte dieser Akademie vertraut zu machen und sich einige Aspekte des sozialen und kulturellen Umfeldes Vicenzas, aus dem die Stadt erwuchs, zu vergegenwärtigen. Die Entstehung des Teatro Olimpico ist nämlich eng verbunden mit der Geschichte der Accademia Olimpica und übersteigt bei weitem die Folgen einer kurzfristigen, willkürlichen Entscheidung. Das Teatro Olimpico ist ein derart "spezielles" Bauwerk, daß es nicht einfach nur durch eine gegliederte Aufeinanderfolge von visuellen Eindrücken, ähnlich wie ein Museum oder ein Palazzo, besichtigt werden kann; man muß es aufmerksam verstehen können, indem man in das gesamte kulturelle, vielfach geschichtete und besondere geschichtliche Umfeld eindringt.
Ein herkömmlicher "Führer" wäre im Falle dieses Bauwerkes vollkommen ungenügend und unangebracht, denn hier nützen keine Beschreibungen, sondern gegliederte Erklärungen und Abhandlungen, die allumfassende Kenntnisse liefern und die man offensichtlich viel eher durch die Lektüre als durch die Besichtigung vor Ort erlangt.
Doch, wie wir später feststellen werden, ist die Lektüre des geschriebenen Textes vor Ort unerläßlich, sodaß das wirkliche und vollkommene Verständnis des Teatro Olimpico, ja des gesamten urbanistischen und architektonischen Komplexes, in dem es sich befindet, nur dann erfolgen kann, wenn wiederum wir von diesem "verstanden" werden.
Denn das Teatro Olimpico als solches stellt nicht nur ein Kunstwerk, sondern ein kulturelles Phänomen dar, in dessen Rahmen noch heute die ursprünglichen Funktionen ausgeübt werden, was für "zivile" Bauwerke eine ausgesprochene Seltenheit darstellt. Dieses künstlerische Phänomen muß daher in doppelter Hinsicht, d. h. als Bauwerk und zugleich als Theater, ob ohne oder mit stattfindenden Aufführungen, erfahren und verstanden werden.[3]

Das römische Berga-Theater in Vicenza, nach der Rekonstruktion von G. Miglioranza, 1838-1839. Vicenza, Museo Civico.

Andrea Palladio (?) und seine Werkstatt, Zeichnung des Proszeniums des Teatro Olimpico in Vicenza. London, Royal Institute of British Architects, Drawings Collection, XIII,5.

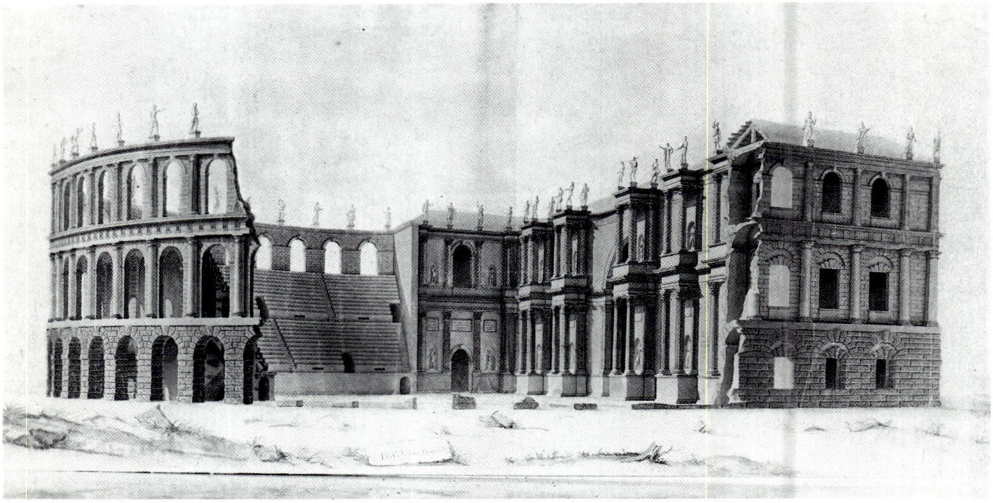

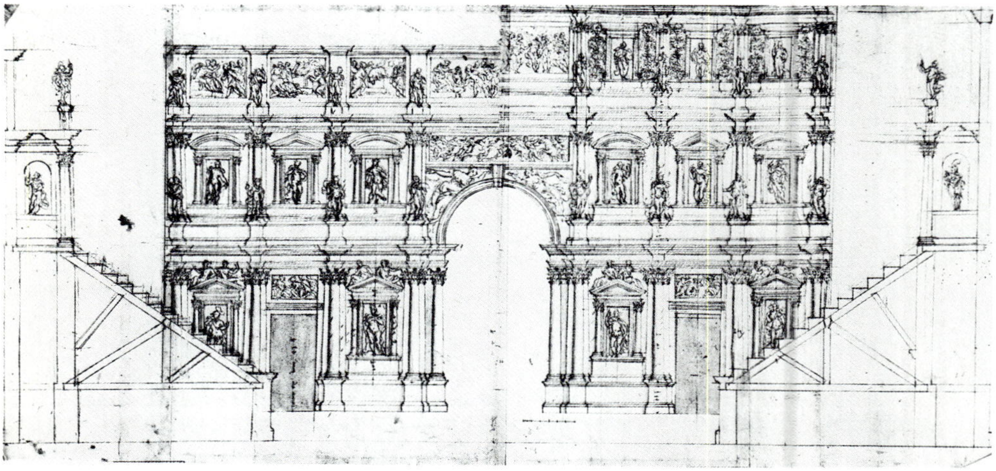

Das Proszenium, die Bühnenfront und die Bühnenbilder des Teatro Olimpico, aus G. Montenari, Del Teatro Olimpico di Andrea Palladio in Vicenza ..., *Padova 1733, Abb. III.*

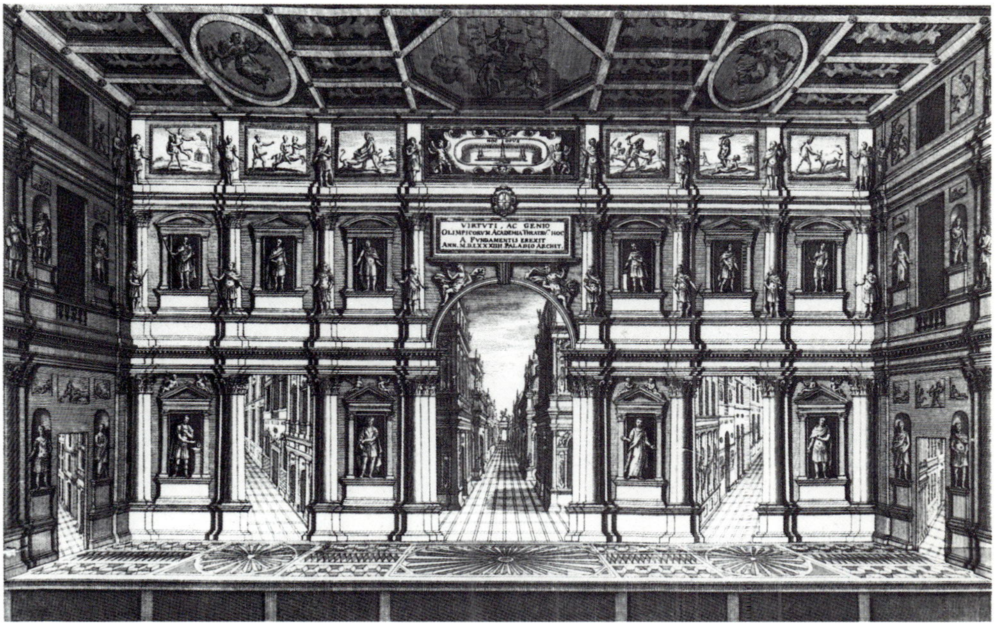

Plan und Schnitt des Teatro Olimpico, aus O. Bertotti Scamozzi, Le fabbriche e i disegni di A. Palladio, *I, Vicenza 1776.*

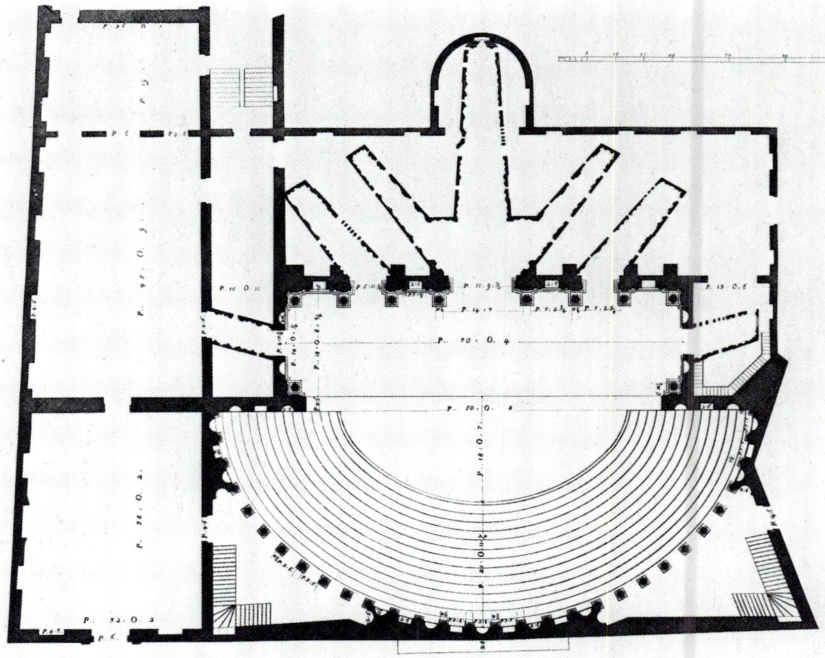

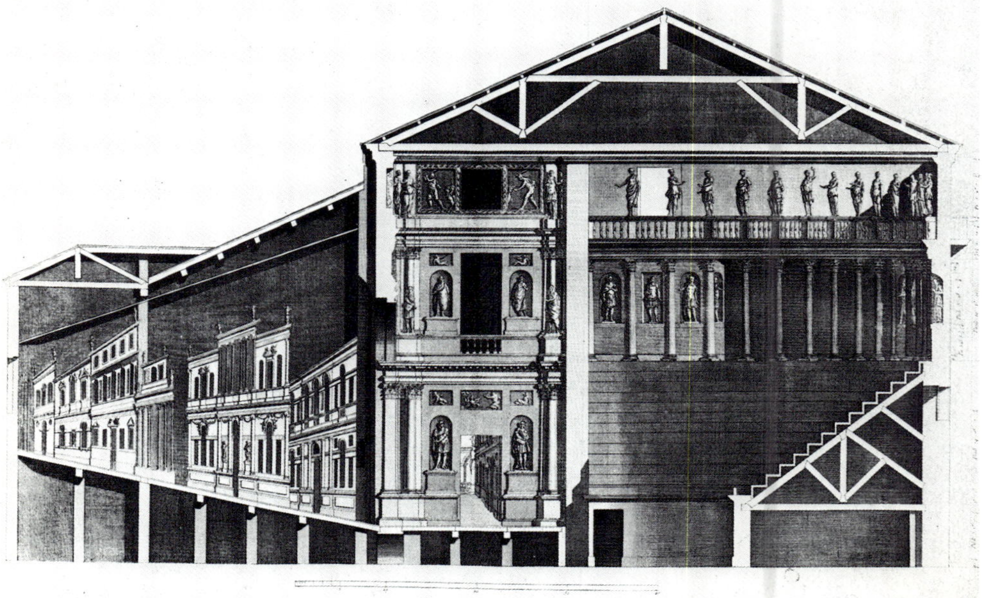

Das Teatro Olimpico mit dem Velarium über der Cavea und dem Proszenium auf einer Photographie vom Beginn dieses Jahrhunderts. Man beachte am Fuße der Cavea die noch fehlenden heutigen Zugänge.

Bühnenfront des Theaters: Der mittlere Abschnitt der Attika mit der Pferderennbahn *und dem olympischen Motto* Hoc opus *in der reduzierten Form. Die Photographie entstand vor der Restaurierung im Jahre 1987.*

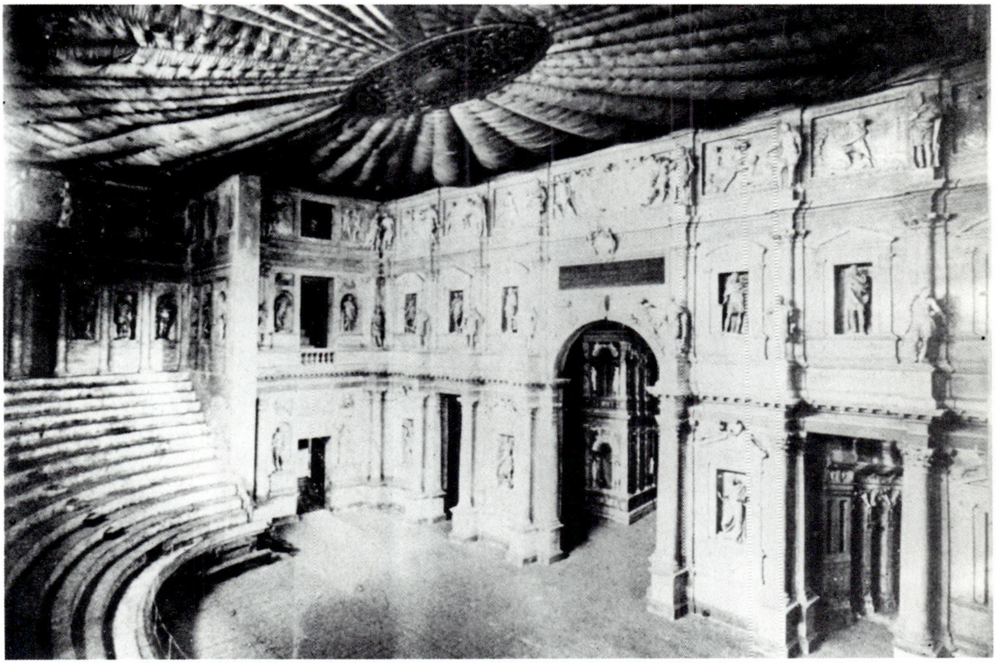

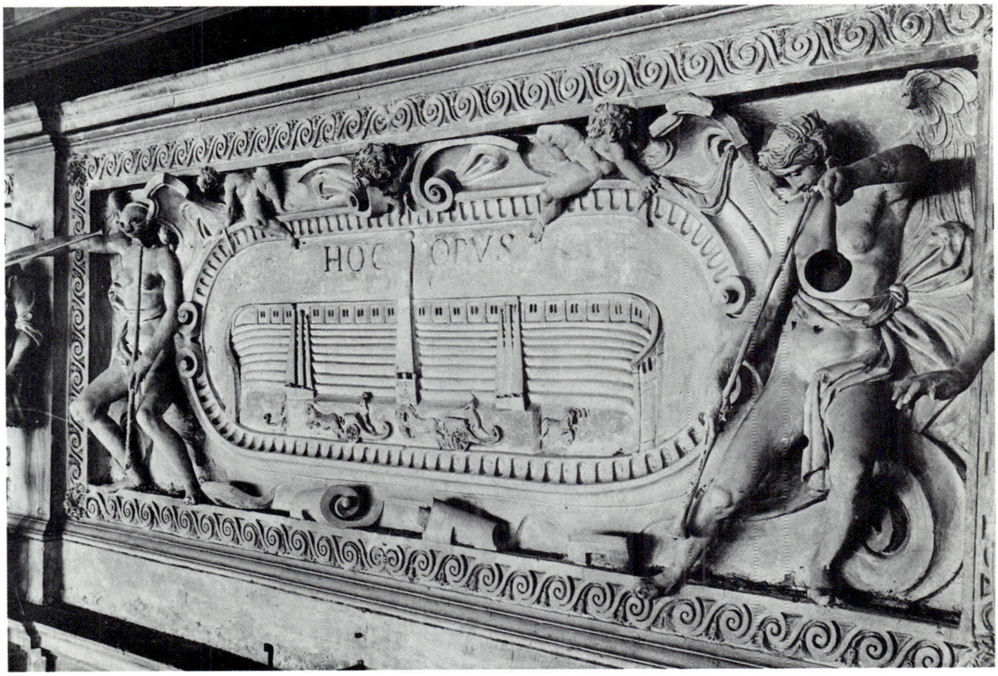

Die Begrüßung der japanischen Gesandten durch den Prinzen der Akademie Angelo Caldogno im Teatro Olimpico im Juli 1585 (ca. 1595). Freske im Antiodeum des Theaters.

Napoleon Bonaparte im Teatro Olimpico im Jahre 1807, empfangen von Ottavio Trento. Druck aus dem Jahre 1847.

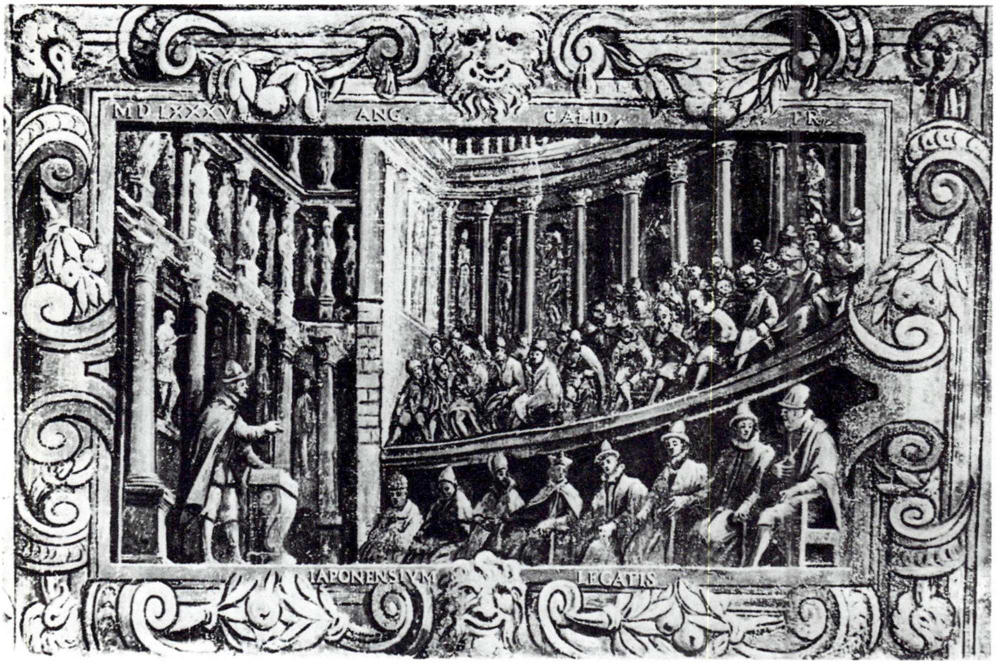

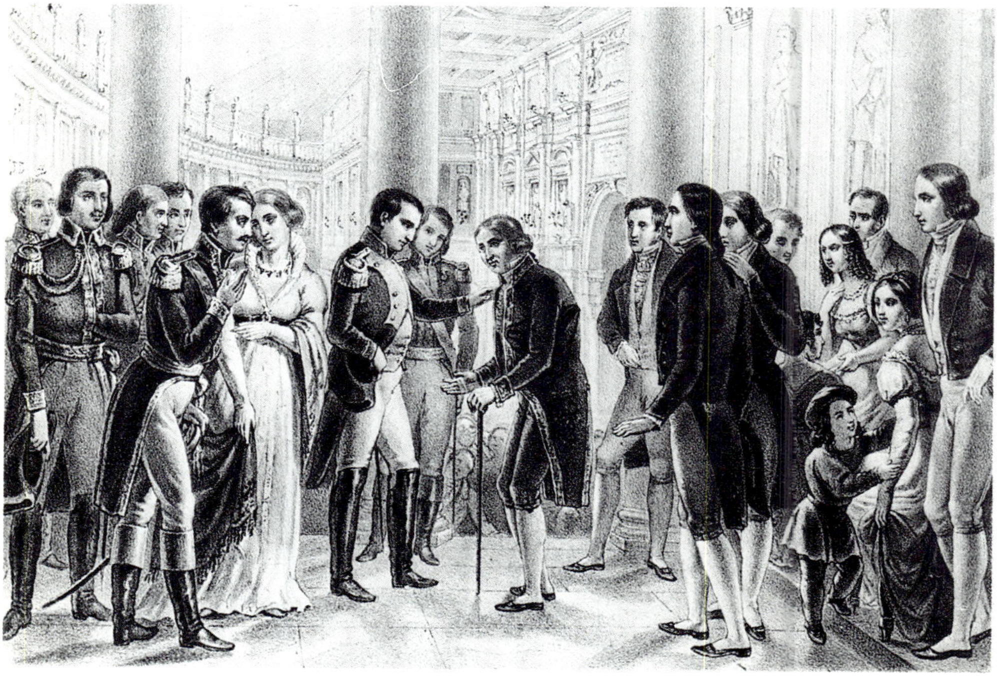

Beschädigter Torso des Herkules auf einem Sockel mit dem Motto der Accademia Olimpica (ca.1558) im Odeum des Theaters.

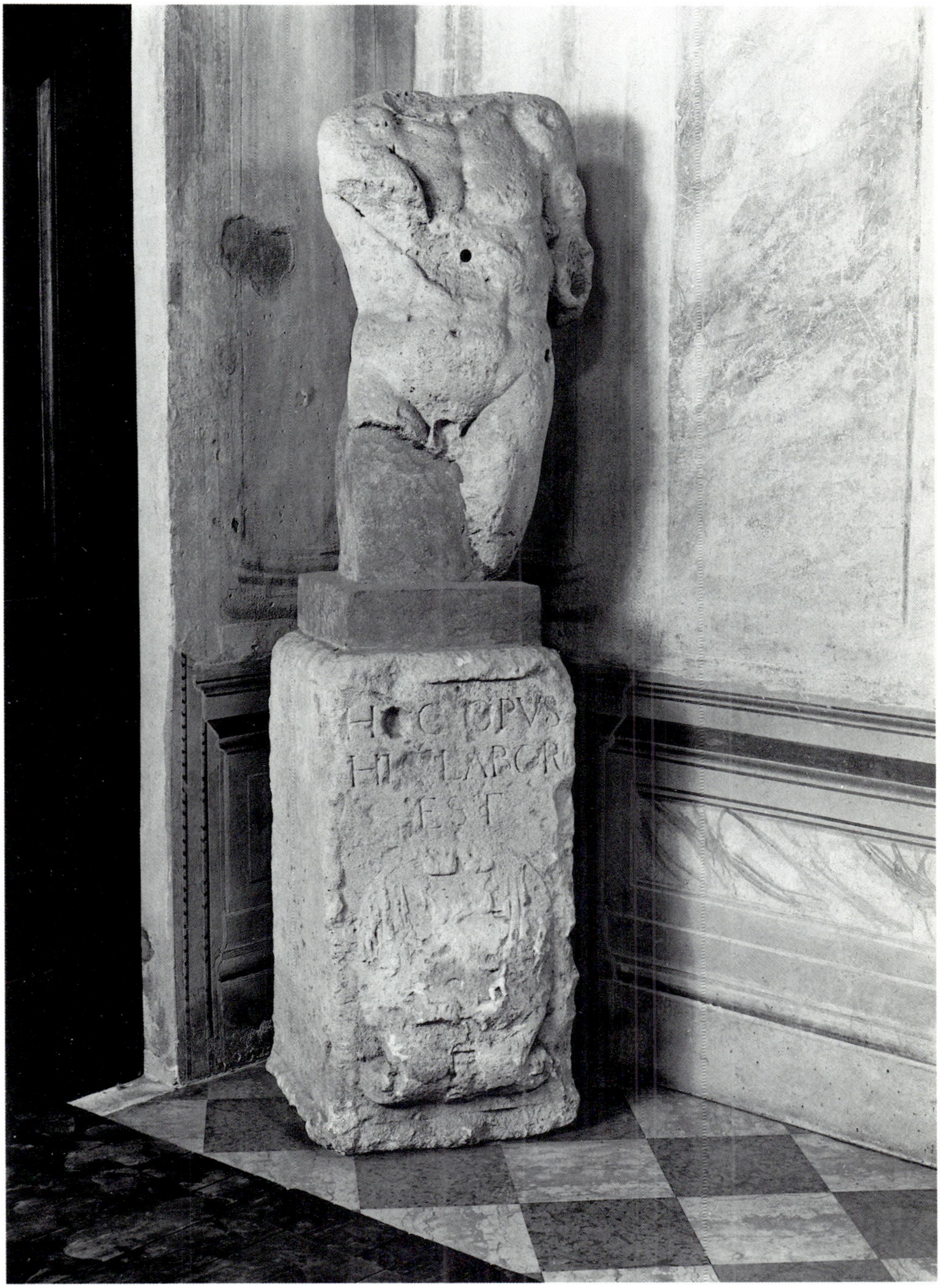

Der Theaterkomplex im Castello del Territorio von dem Turm Torre dell'Osservatorio aus gesehen.

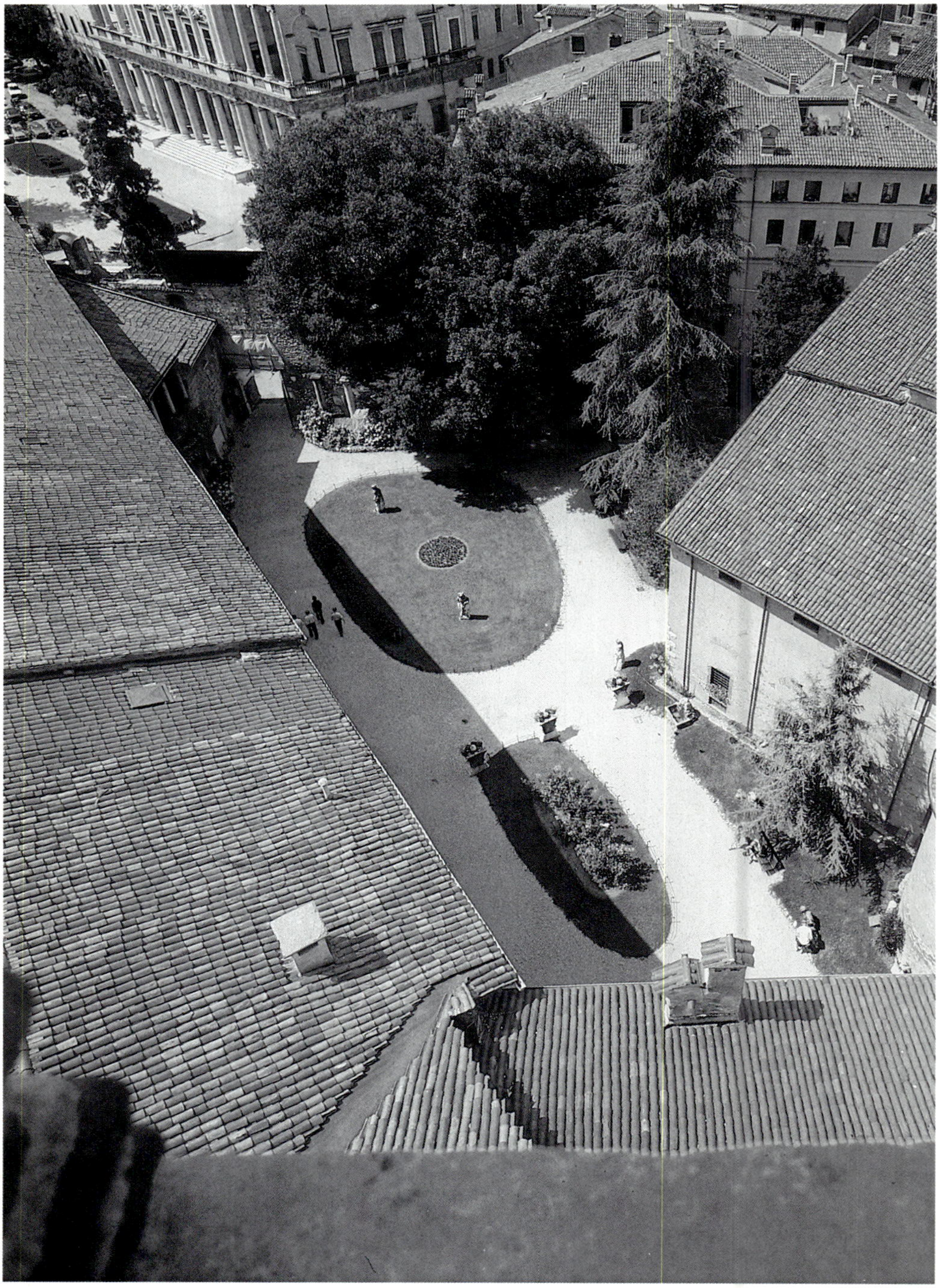

Die Accademia Olimpica und die Entstehung des Theaters

Gegen Mitte des 16. Jh.s hatten sich auch in Vicenza verschiedene mehr oder weniger erfolgreiche Akademien gebildet, bevor die Accademia degli Olimpici gegründet wurde. Man kann mit Sicherheit annehmen, daß sämtliche Akademien den besonderen und exklusiven Charakter und das Umfeld einer Gesellschaft, wie die der Stadt Vicenza, wiederspiegelten, obwohl sich deren Mitglieder traditionsgemäß vorwiegend der Pflege der humanistischen Wissenschaften und Kultur widmeten.
Praktisch während des gesamten Ablaufes des letzten Jahrtausends wurde die Macht der Stadt vorwiegend von einer kleinen, jedoch gut durchmischten und ausgewogenen Gruppe von adligen Familien ausgeübt.
Deren internes Gleichgewicht der Verwandtschaften, der gemeinsamen Interessen und der ähnlichen Charaktere hatte in Vicenza im Laufe des Mittelalters die Entstehung einer eigenen Signoria mit einer über den anderen Familien stehenden Familie – wie in den umliegenden Städten der Fall war – verhindert.
Dank der wahrscheinlich ähnlichen Herkunft und der oben genannten Eigenschaften dieser Familien wurden aufstrebende Kräfte gegenseitig neutralisiert – mit der Folge, daß eher die aufeinanderfolgenden Dominationen der Padovaner, der Veroneser und später der Visconti geduldet wurden, bis Vicenza nach 1404 der Republik Venedig angegliedert wurde.
Daher schwelten innerhalb der adligen Gesellschaft Vicenzas seit alters her mehr oder weniger latente Frustrationen, die zu dem Wunsch führten, mit einer internen und unterschwelligen Tradition verbunden zu sein, die im Laufe der Zeit weit vor dem 16. Jh. zur Verwandtschaft mit der Kaiserfamilie jenseits der Alpen führte.
Und selbst die ausgerufene Recherche und Betonung des architektonischen Klassizismus Vicenzas, der in Andrea Palladio einen "idealen" Interpreten fand, ist, genauer betrachtet, das Zeichen einer "Unterscheidung", hinter der sich der Wunsch verbirgt, durch die Rückgewinnung der unkontrollierten Vergangenheit des antiken Römertums die Rehabilitierung einer zu jungen Herkunft zu erlangen.
In der Tat stammten zahlreiche Vicentiner Adelsfamilien von Kriegern verschiedener germanischer Kaiser ab, die wiederholt, ungefähr zu Beginn unseres Jahrtausends in Italien eingefallen waren und die Stadt und die umliegende Gegend unterjocht hatten.
Diese Abstammung von Lehnsherren und Kriegern im Blut dieser Familien mit deren stark kriegerischem und zusammenhaltendem Geist, sowie die Vorliebe für Paraden und Tourniere und das Zurschaustellen der Wappen, führte zur Entstehung einer Mentalität, die – obwohl diese bisher wenig untersucht wurde und auch kaum untersuchbar ist – die Stadt Vicenza von sämtlichen anderen venetianischen Städten grundlegend unterscheidet.
Selbst unter der Herrschaft Venedigs führte ein unterschwelliger Geist der antirepublikanischen, autonomistischen und absolutistischen Revanche, gemeinsam mit einem ausgesprochenen Streben nach Differenzierung und der Hervorhebung der eigenen Unterschiedlichkeit, in zahlreichen Fällen die Stadt Vicenza oft dazu, anachronistische politische und religiöse Standpunkte einer mehr oder weniger offen bekannten Revolte einzunehmen, um an die transalpine kaiserliche (im Grunde "barbarische" oder zumindest vorwiegend feudale) Herkunft anzuknüpfen. All dies äußerte sich darüber hinaus in zahlreichen Episoden der reformistischen Häresie und der Auflehnung gegenüber der Gegenreformation.
Einer der Gründe für die Kurzlebigkeit der Akademien Vicenzas, bis zum baldigen Untergang kurz nach deren Gründung, liegt in deren exklusivem und aristokratischem Charakter.
Ähnliche Eigenschaften zeichnen während langer Zeit auch die Accademia Olimpica aus – mit sämtlichen Konsequenzen, auch im Hinblick auf die oben dargelegten Tatsachen.
Es kann jedoch nicht geleugnet werden, daß eine der Garantien für deren Ansehen und Bestehen bis zu unserer heutigen Zeit in deren anfänglichen "Öffnung" gegenüber den Mitgliedern, die nicht unbedingt Adelsblut besaßen, sondern aus einem weiter gegriffenen Adel der Gedanken und der Unternehmungen stammten, besteht.
Das lange und gesunde Leben wurde ihr daher durch die beträchtliche Anzahl von Edelmännern, Rittern, Professoren, Künstlern und später Kaufleuten, Industriellen und Angehörigen der freien Berufe unter den neu hinzugekommenen Mitgliedern zuteil.

Die "Absis" für die Bühnenbilder Scamozzis von dem Hof des Castello del Territorio aus gesehen.

Das Odeum und das Antiodeum des Teatro Olimpico.

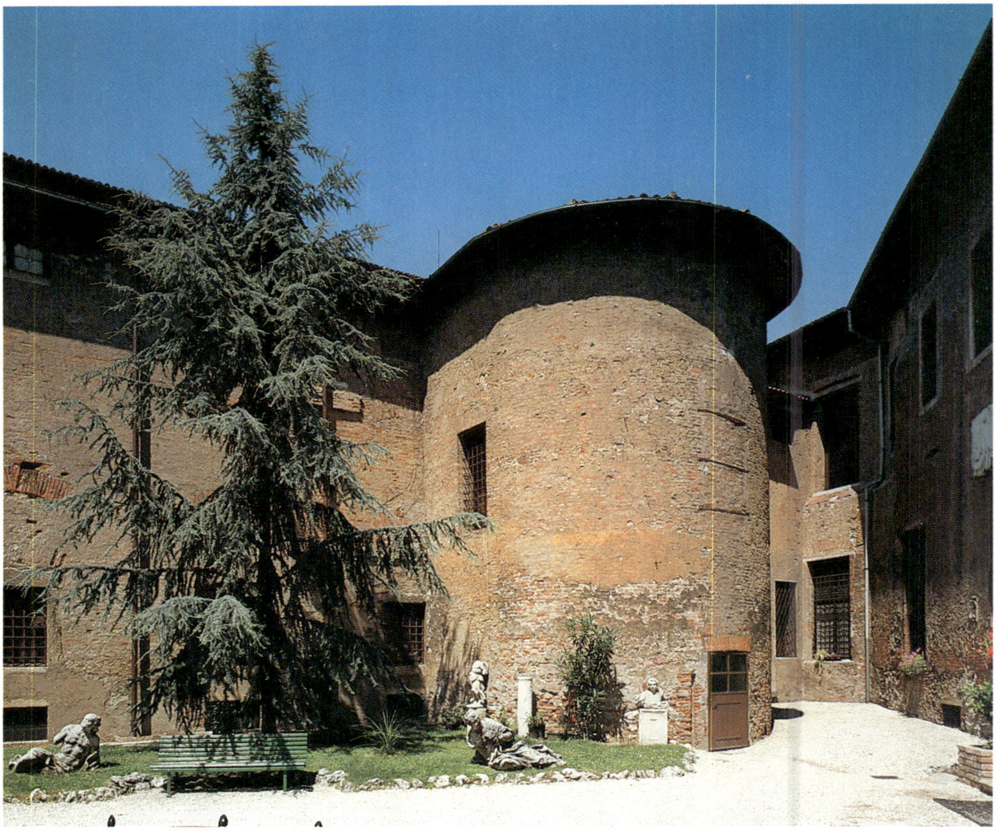

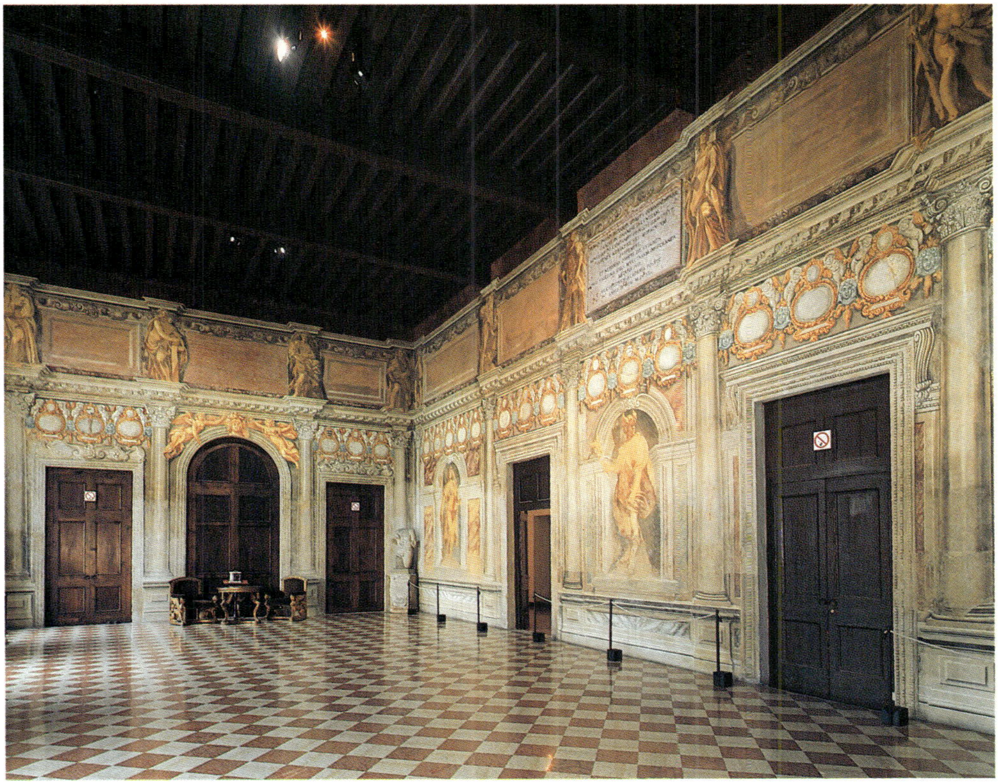

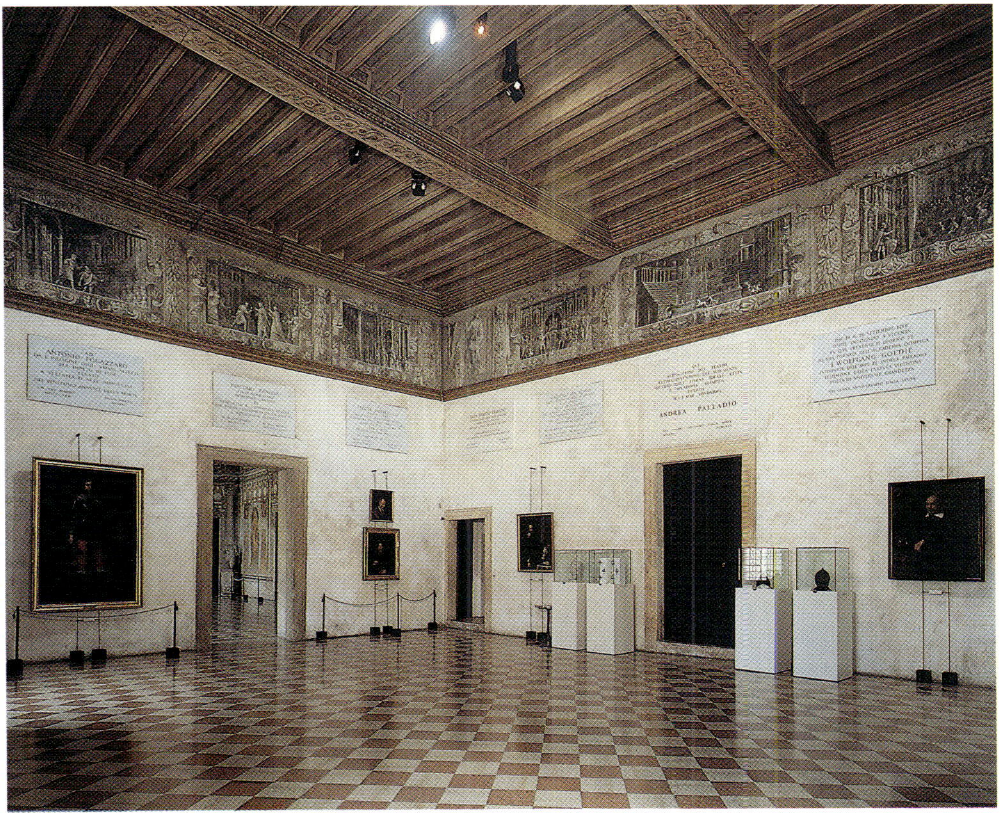
ANDREA PALLADIO

Antiodeum des Teatro Olimpico: Freskenbild mit der Darstellung des Festsaals in der Basilica während der Aufführung der Tragödie Sofonisba *von Trissino (ca. 1595).*

Antiodeum des Teatro Olimpico: Freskenbild mit einer Szene aus der Tragödie König Ödipus *von Sophokles, mit der das Teatro Olimpico im Jahre 1585 eingeweiht worden war (ca. 1595).*

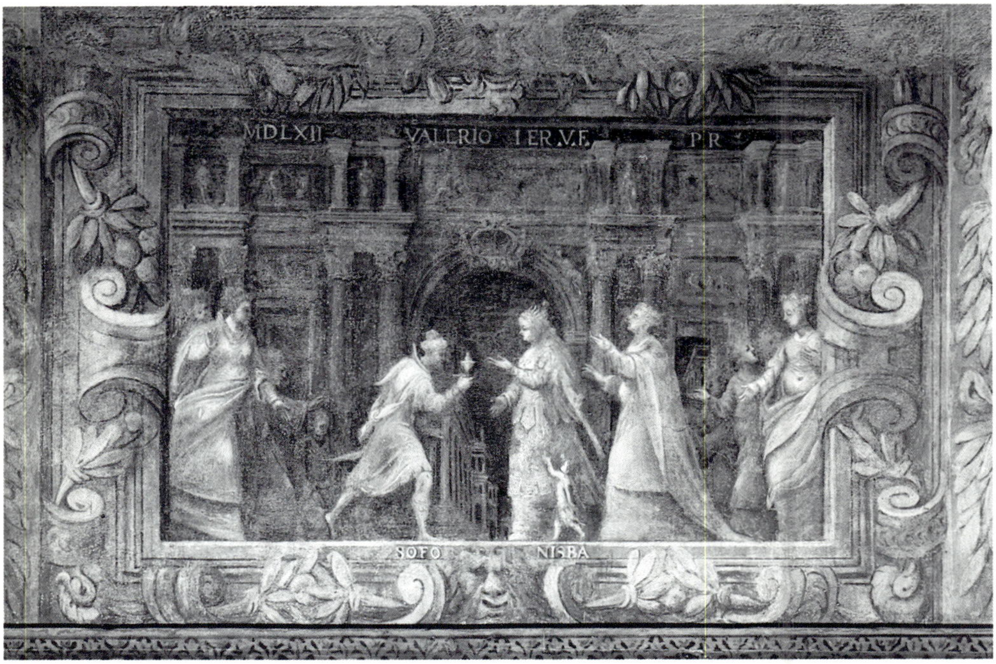

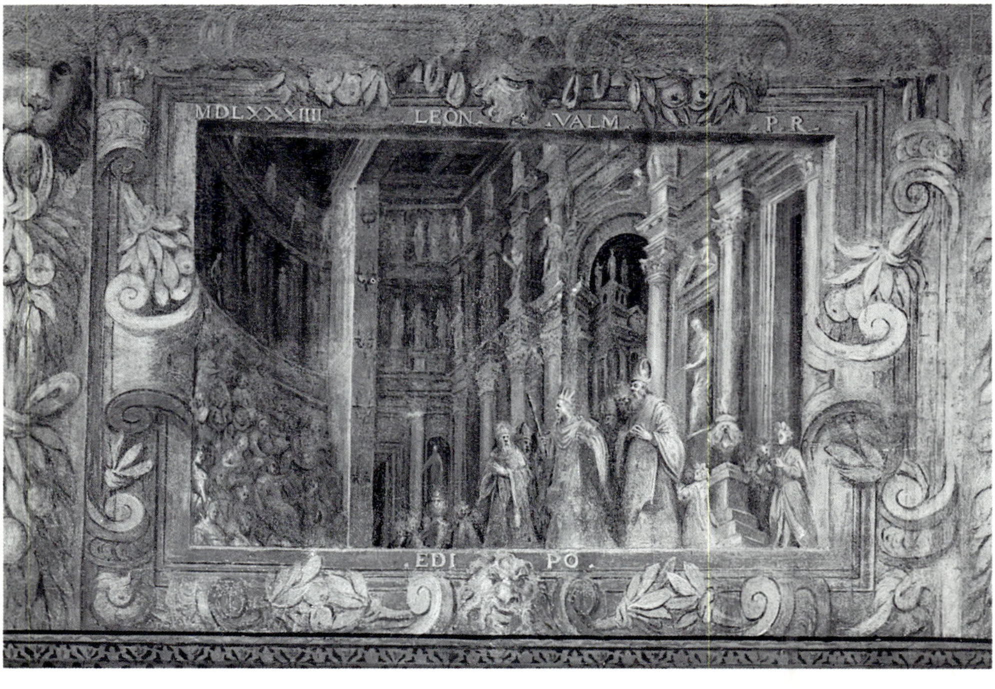

Antiodeum des Teatro Olimpico: Freskenbild mit der Pferderennbahn *und, darüber, dem olympischen Motto in dessen reduzierter Form* Hoc opus *(ca. 1595).*

Antiodeum des Teatro Olimpico: Freskenbild mit der Begrüßung der japanischen Gesandten im Teatro Olimpico im Jahre 1585 (ca. 1595).

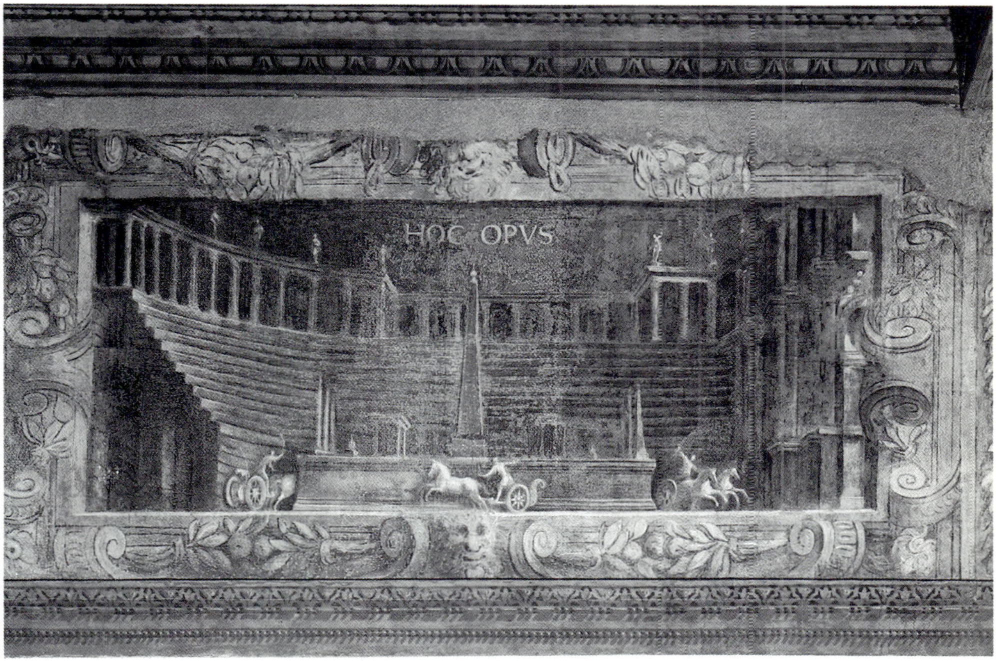

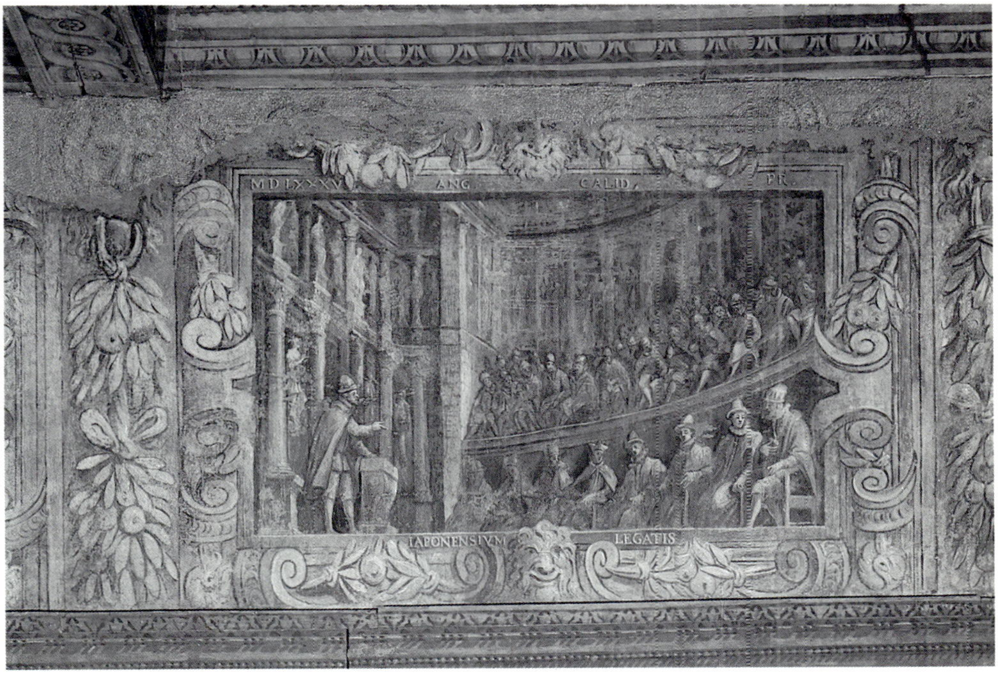

Talgleuchten aus Glas und aus Blech, die für die ursprüngliche Beleuchtung der Bühnenbilder Scamozzis verwendet wurden und heute im Antiodeum des Theaters ausgestellt sind.

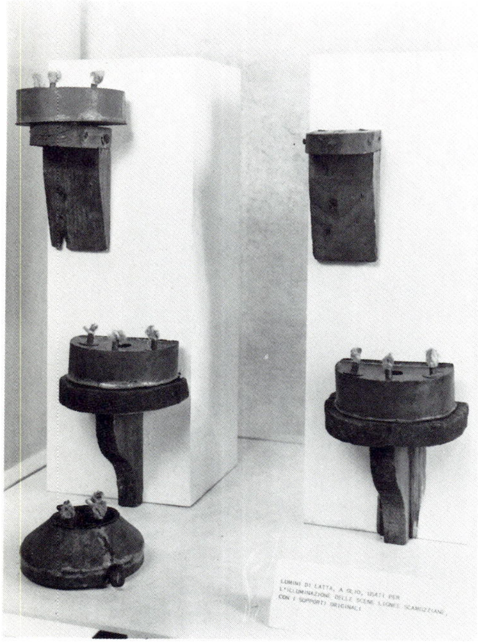

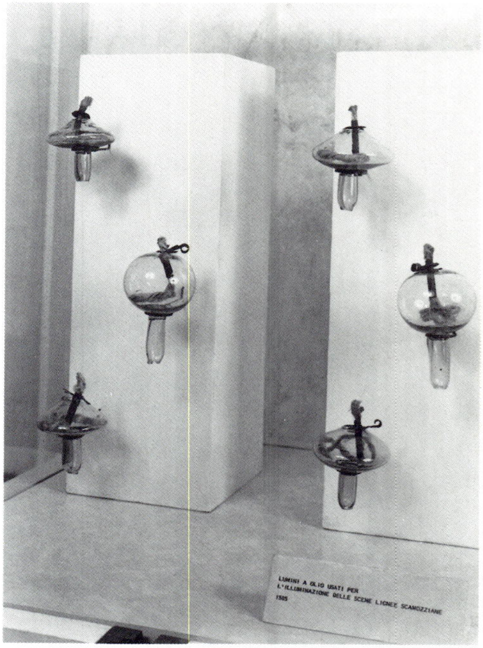

Proszenium und Bühnenfront.

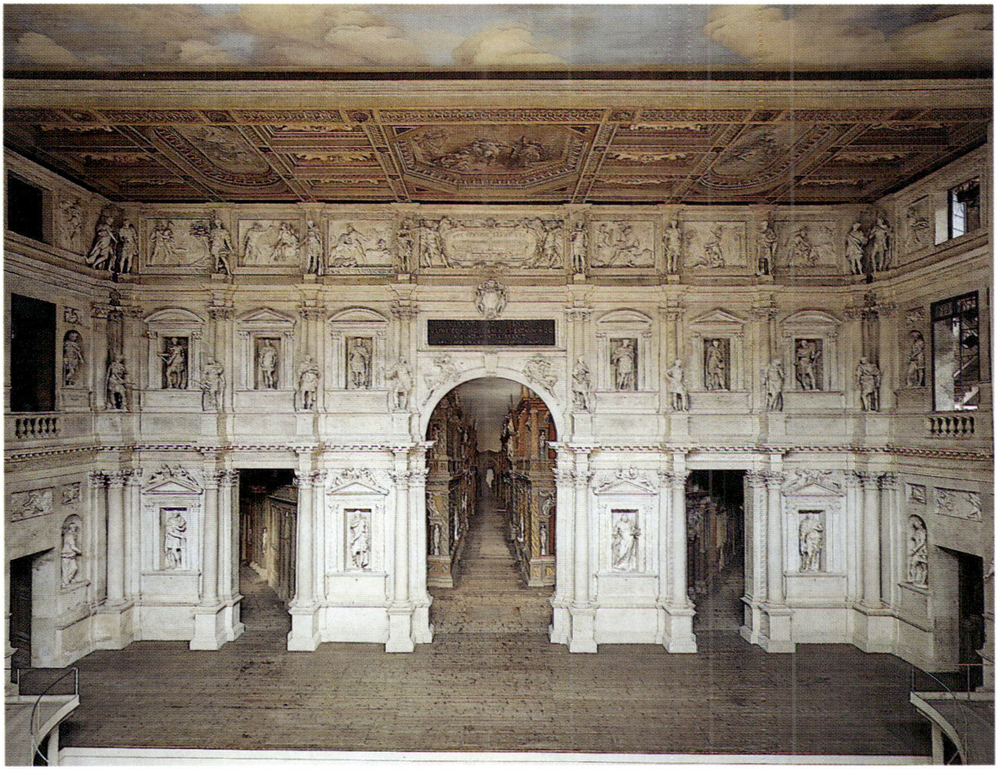

"Die Akademie wurde im Jahre 1555 von einundzwanzig Gründungsmitgliedern, darunter Andrea Palladio, gegründet. Dem Präsidenten der Akademie, dem sogenannten Principe mit einer üblichen Amtsdauer von 3 Monaten, wohnten zwei Großmeister und zwei Senatoren, d. h. Schutzherren der Akademie mit der Aufgabe der Schlichtung der schwierigsten Streitigkeiten bei ..."[4]
Von Anfang an waren die Künstler unter den Mitgliedern zahlreich vertreten, um den offenen und langfristigen Charakter der Vereinigung hervorzuheben. Unter diesen möchten wir an die Maler G.A. Fasolo und G.B. Maganza, genannt Magagnò, den Bildhauer Lorenzo Rubini und Luigi Groto di Adria, Musiker und Schauspieler, der, wie wir sehen werden, eine wichtige Rolle während der Vorstellung für die Einweihung des Teatro Olimpico spielte, erinnern.
"Die Accademia Olimpica setzte sich das noble Ziel, die humanistischen Studien in der Stadt Vicenza zu kultivieren, richtete jedoch gleichzeitig ihre Aufmerksamkeit auf die Kunst und die Wissenschaften. Es kann nicht geleugnet werden, daß sich die Akademie im Laufe der ersten Jahre ihres Bestehens nicht nur mit der Poesie, sondern darüber hinaus mit der Mathematik, der Musik, der Geometrie und der Arithmetik befaßte. Um die Mitglieder über die "Neuheiten" der italienischen Kultur der damaligen Zeit zu informieren, richtete die Akademie eine Bibliothek ein und erwarb Musikinstrumente und Gipsmodelle antiker Skulpturen des göttlichen Michelangelo."[5]
Hauptziel der Akademie war daher jene Gegenüberstellung und kulturelle Debatte, die sich in gewissen literarischen und wissenschaftlichen Abhandlungen sowie Vortragstournieren unter den Mitgliedern äußerte und "die inzwischen rethorisch gewordene Berufung der Vicentiner Vereinigung"[6] ausdrückte.
Für eine köstliche und tiefsinnige Beschreibung einer für die Öffentlichkeit offenen Tagung möchten wir im Anhang auf die Beschreibung Goethes in dessen *Italienischer Reise*[7] hinweisen.
Eines der ersten Zeugnisse des akademischen Lebens geht auf das Jahr 1558 zurück, als das "Mitglied" Palladio mit einer "prunkvollen" Bühnenanlage für die Feierlichkeiten für "Herkules, den Gründer der antiken olympischen Spiele" beauftragt wurde. Auch andere Mitglieder der Akademie traten während der Feierlichkeiten mit dem "Vortrag von höchst gelehrten Dichtungen" hervor. Bereits während des Karnevals des Vorjahres war *Andria* des Terenz – von dem Akademiemitglied A. Mazzaria übersetzt, was die bereits erwähnte literarische und theatrale Neigung der Gemeinschaft neben der "wissenschaftlichen" und allgemein humanistischen Berufung von Anfang an hervorhebt – aufgeführt worden. Im Laufe dieser Jahre hatte die Akademie ihren Sitz in einem Gebäude in dem Stadtteil Porta Nuova, das ihr von einem gewissen Todeschini zu diesem Zwecke vermietet wurde. Von dem "Apparat" für die Spiele, die wahrscheinlich in einem von den "Bühnenbildern" des Palladio ausgestatteten Hof stattfanden, bleiben uns heute der beschädigte, möglicherweise von dem Akademiemitglied Rubini gemeißelte Torso des Herkules sowie dessen Sockel mit der entsprechenden Inschrift, die wir oben bereits erwähnt haben.
Die Wahl des Herkules zum olympischen Helden der Akademie ist von den zeitgenössischen Studien nicht genügend motiviert worden. Doch es lohnt sich, bei dieser Frage mit einigen Hypothesen zu verweilen, denn auch der gesamte Dekor des Teatro Olimpico ist von dem Mythos des Herkules und daher vom "Heldentum" par excellence bestimmt. Gemäß einer nicht spezifisch Vicentiner Tradition wurden auch zahlreiche, im Laufe des vorangegangenen Jahrhunderts in der Umgegend der Stadt erbaute Villen, mit dem Beginn des 16. Jh.s, zum Symbol oder zum erneuerten Symbol (sofern bereits aus gothischer Zeit bestehend), indem sie die Handlungen des stärksten und mutigsten Helden des Altertums hervorhoben.
Um eine Vermutung auszusprechen, soll daran erinnert werden, daß im klassischen Mythos Herkules, Sohn Jupiters – allerdings ein Halbgott und daher sterblich – den Tod bezwingt, wie Christus.
Herkules ist der Mann, der zur unsterblichen Gottheit wird mit Hilfe der "ars" – in deren beider Aspekte, der physischen Mühe und der "artistischen" Transfiguration.
Auf diese Weise erhielte das Motto der Akademie "Hoc opus, hic labor est" eine weitere

Ansicht des Proszeniums von unten nach oben mit dessen Decke.

Auf den folgenden Seiten:
Cavea und Exedra.

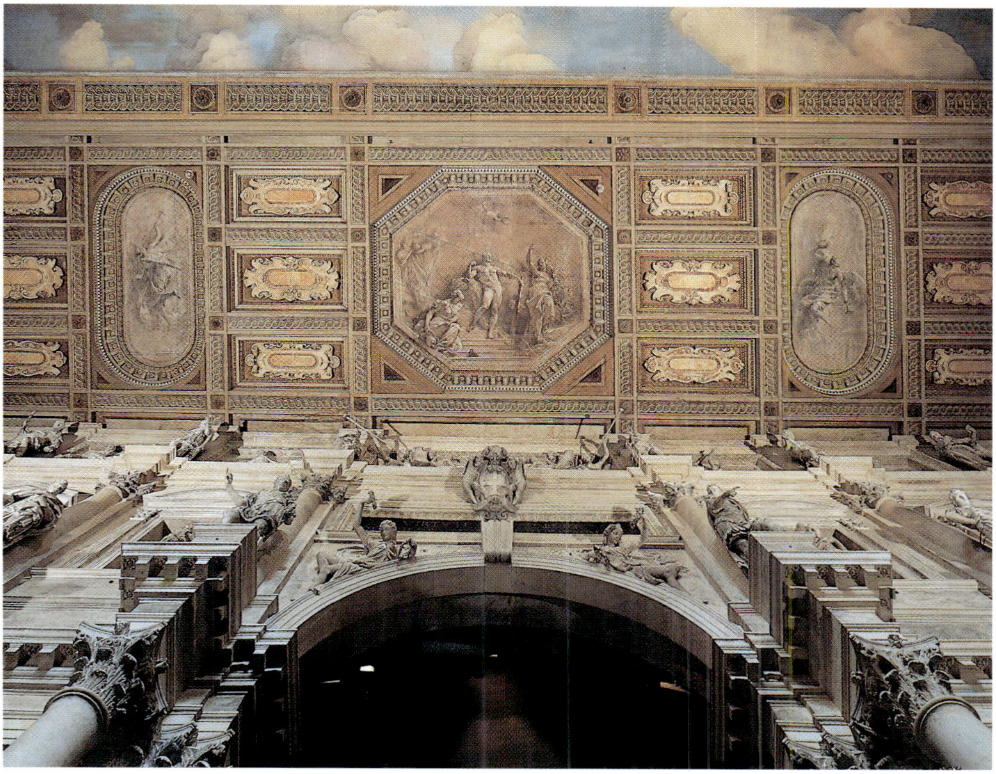

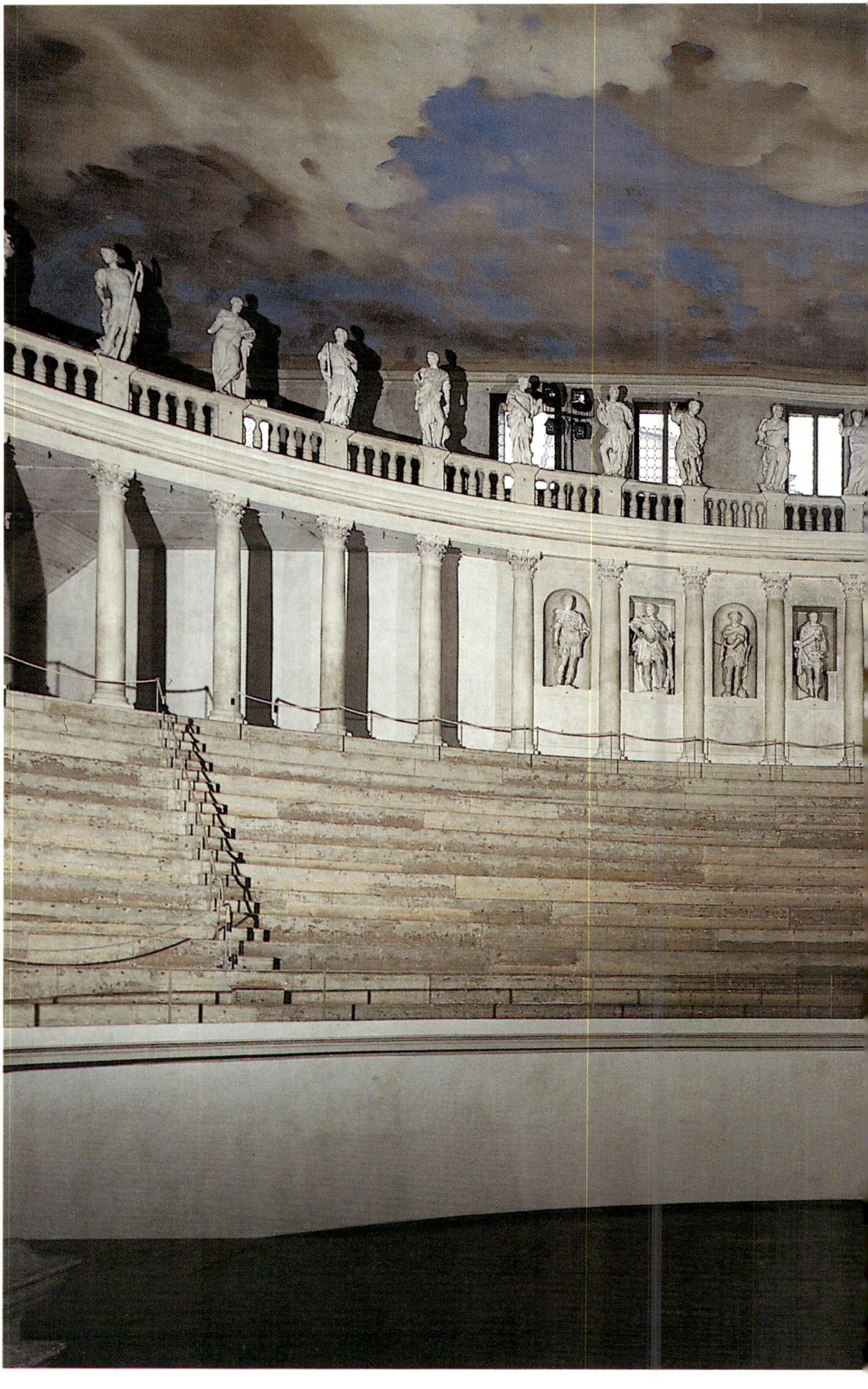

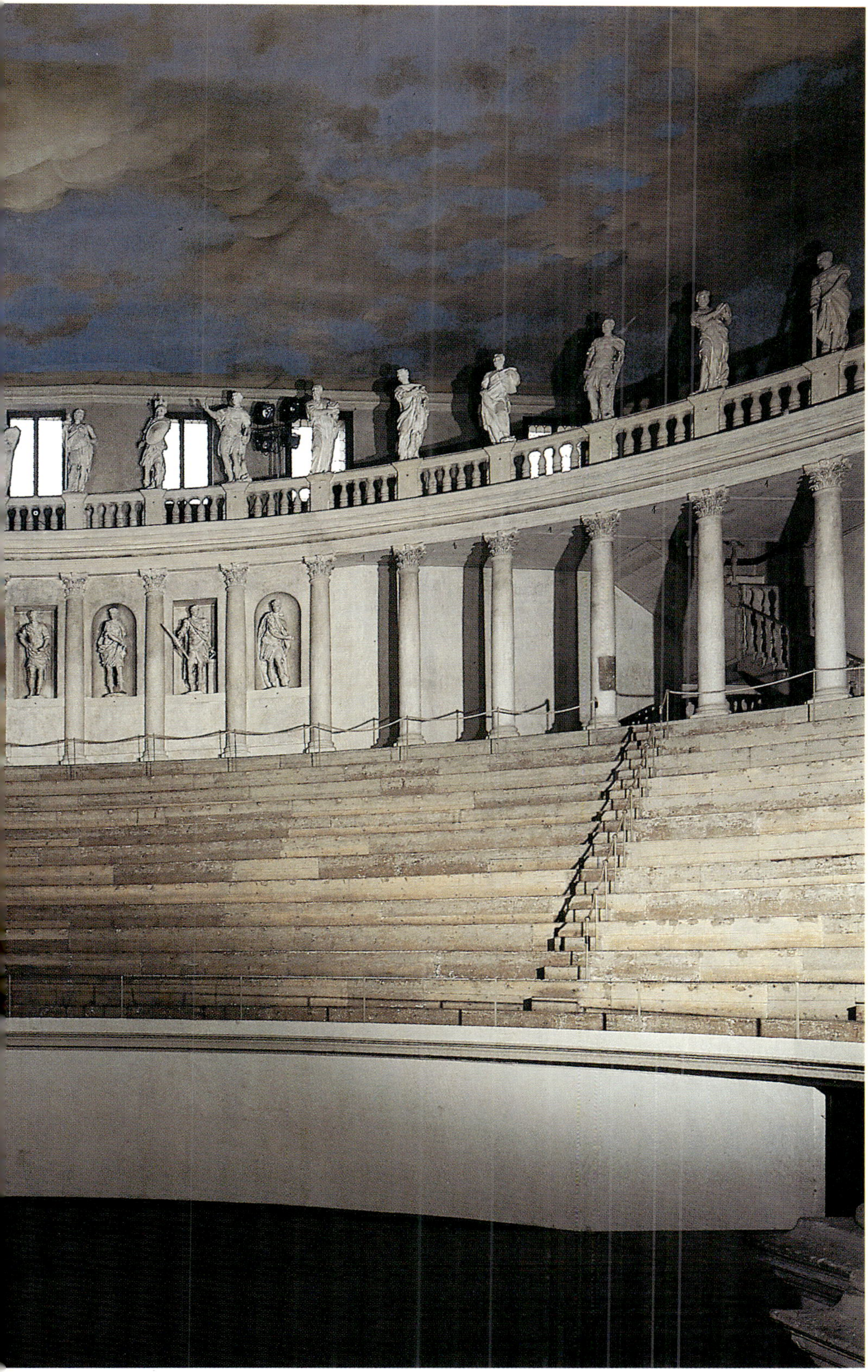

Proszenium, rechte Seitenbegrenzung und Ansatz der Cavea.

Erklärung: Hier wird hervorgehoben, daß jedes verwirklichte Unternehmen die Frucht der Mühe, ja sogar das Sichbewahrheiten der Mühe selbst ist.[8]

Die Theaterberufung der Accademia Olimpica kommt in den Jahren 1561-62 verstärkt zum Ausdruck, als wiederum Palladio mit dem Bau eines "Theaters aus Holz ... ähnlich wie jene der antiken Römer" beaufragt wird, das in dem großen Saal aus dem 15. Jh. des Palazzo della Ragione eingerichtet werden soll. Dieses größte öffentliche Gebäude Vicenzas wurde inzwischen in aller Munde "die Basilika" genannt, nachdem der große Architekt begonnen hatte, es mit dem klassischen Bogengang zu umgeben. Es lohnt sich, bei dieser Episode zu verweilen, die die bedeutungsvollste Vorgeschichte für das Entstehen des Teatro Olimpico sowie dessen Eigenschaften darstellt.

Das "Theater aus Holz" sollte für die Aufführung zweier Texte zeitgenössischer Humanisten dienen – des *Amor Costante* von A. Piccolomini und der *Sofonisba* von G.G. Trissino, dem großen Vicentiner, der vor wenig mehr als einem Jahrzehnt verstorben und der Entdecker und Mäzen Andrea Palladios gewesen war.

Die beiden Aufführungen, mit der Regie des Erbauers des Theaters selbst, fanden aus Gründen höherer Gewalt zu getrennten Zeitpunkten, während der Karnevals der Jahre 1561 und 1562 statt. Hierbei wurde zwar die gleiche Struktur verwendet, jedoch wurden die Bühnenbilder der *Komödie* Piccolominis an die Anforderungen der *Tragödie* Trissinos angeglichen.

Wir wissen, daß Palladio, im Gegensatz zu der zu seiner Zeit üblichen Bühnenbildtradition, einer Idee des Theaters Form geben wollte, die auf dem klassischen Modell der römischen Theater, wie sie ihm (und mit ihm den Mitgliedern der Akademie) vorschwebte, beruhte. Seine Vorstellungen hatte Palladio im Laufe anstrengender "archäologischer" Untersuchungen der antiken Theaterstätten während der Jahre zuvor sowie durch die Lektüre des aus augustäischer Zeit stammenden Textes Vitruvs erlangt. Gemeinsam mit dem belesenen venetianischen Humanisten, seinem Auftraggeber und Mäzen, Kardinal Daniele Barbaro und gewählter Patriarch von Aquileia, hatte Palladio im Jahre 1556 eine Ausgabe dieses Textes geleitet und mit Illustrationen versehen.[9] Neben den Bemühungen des Palladio, den Text Vitruvs zu interpretieren und zu illustrieren, existierten die Untersuchungen der Zeitgenossen Giocondo, Cesare Cesariano und Sebastiano Serlio, denen die Studien des Peruzzi, des Sangallo und des Veronesers Giovanni Caroto vorangegangen waren.

Der "Versuch Palladios einer vollständigen Rückgewinnung des klassischen Theaters"[10] äußerte sich in der hölzernen Struktur für den Festsaal der Basilica. Diese bestand aus einer *Bühne* für die Aufführungen, die nach hinten von der sogenannten *frons scenae*, einer architektonischen Wand mit einer doppelten Anordnung von Säulen – bereichert von Statuen und Basreliefs und an drei Punkten mit Öffnungen versehen, hinter denen sich perspektivisch angeordnete Bühnenbilder befinden – abgegrenzt war. Die Zuschauer fanden dagegen, wie in den griechischen und römischen Theatern, in einer "cavea" genannten *Tribüne* Platz, die aus einer halbrunden Stufenreihe bestand und oben von einem Säulengang mit Statuen abgegrenzt wurde.

Der Entwurf Palladios war das ausgereifte Resultat eines "beeindruckenden erlesenen Schatzes"[11], der im Laufe der aufmerksamen Studien der Reste und der Ruinen der antiken römischen Theater – von denen uns heute zahlreiche Handzeichnungen überliefert sind – wie jene in Gubbio, Pola, Orange, das Marcellus-Theater in Rom sowie jenes in Verona zusammengetragen worden war. Zuallererst mußte das antike Berga-Theater mit dessen in gewisser Hinsicht noch dechiffrierbaren Ruinen gegenüber des Flusses Retrone, wenige hundert Meter von der Basilica entfernt, den Baumeister faszinieren – das zeitlose Denkmal einer vergangenen und unwiederbringlichen Zivilisation mit dem unüberhörbaren Ruf an die gegenwärtige Gesellschaft, deren vergangene Werte zu bewahren.

Aus den wenigen Überresten des Berga-Theaters hatte Palladio versucht, durch Rückschlüsse jene *frons scenae* ideell zu rekonstruieren. Hierbei hatte es sich um den Brennpunkt eines jeden antiken Theaters gehandelt; und dessen Aussehen ist noch heute für die moderne archäologische Philologie in vielen Punkten ein höchst ungeklärtes Problem, obwohl diese sich auf weitaus umfangreichere

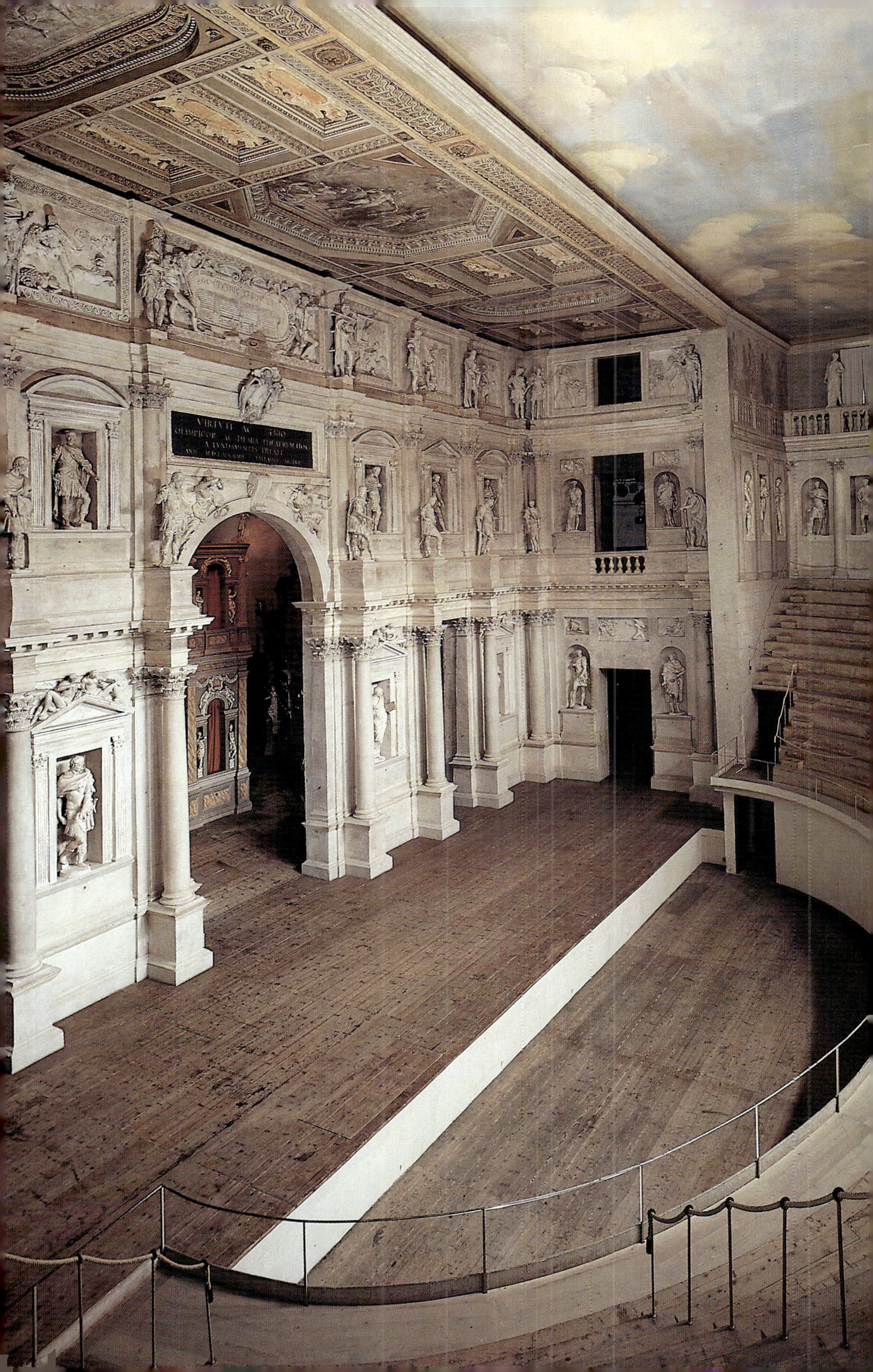

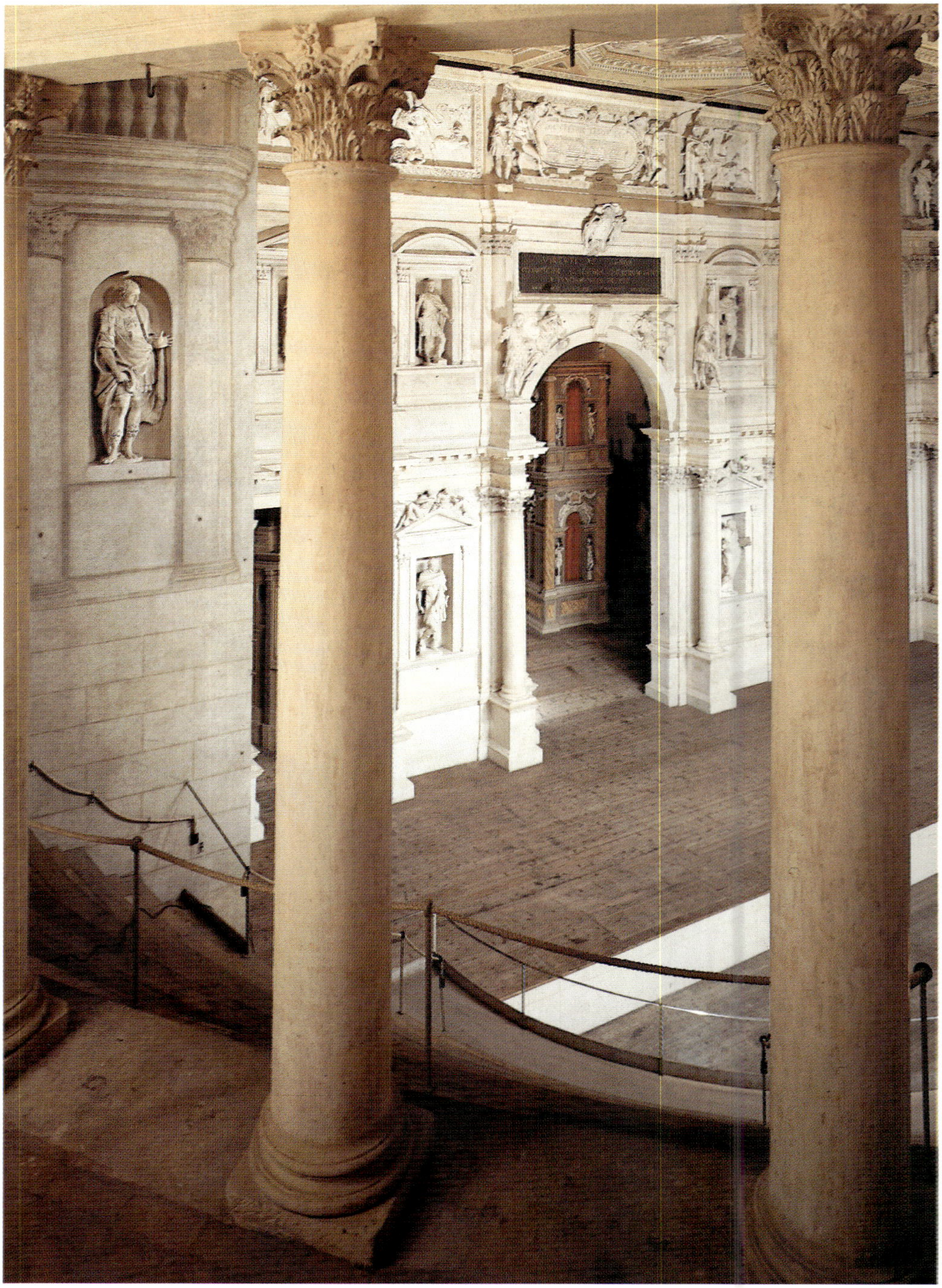

Ansicht von einer Loggia der Exedra.

Die Königspforte vom Proszenium aus gesehen und ein Teil der Königsstraße mit den Bühnenbildern Scamozzis.

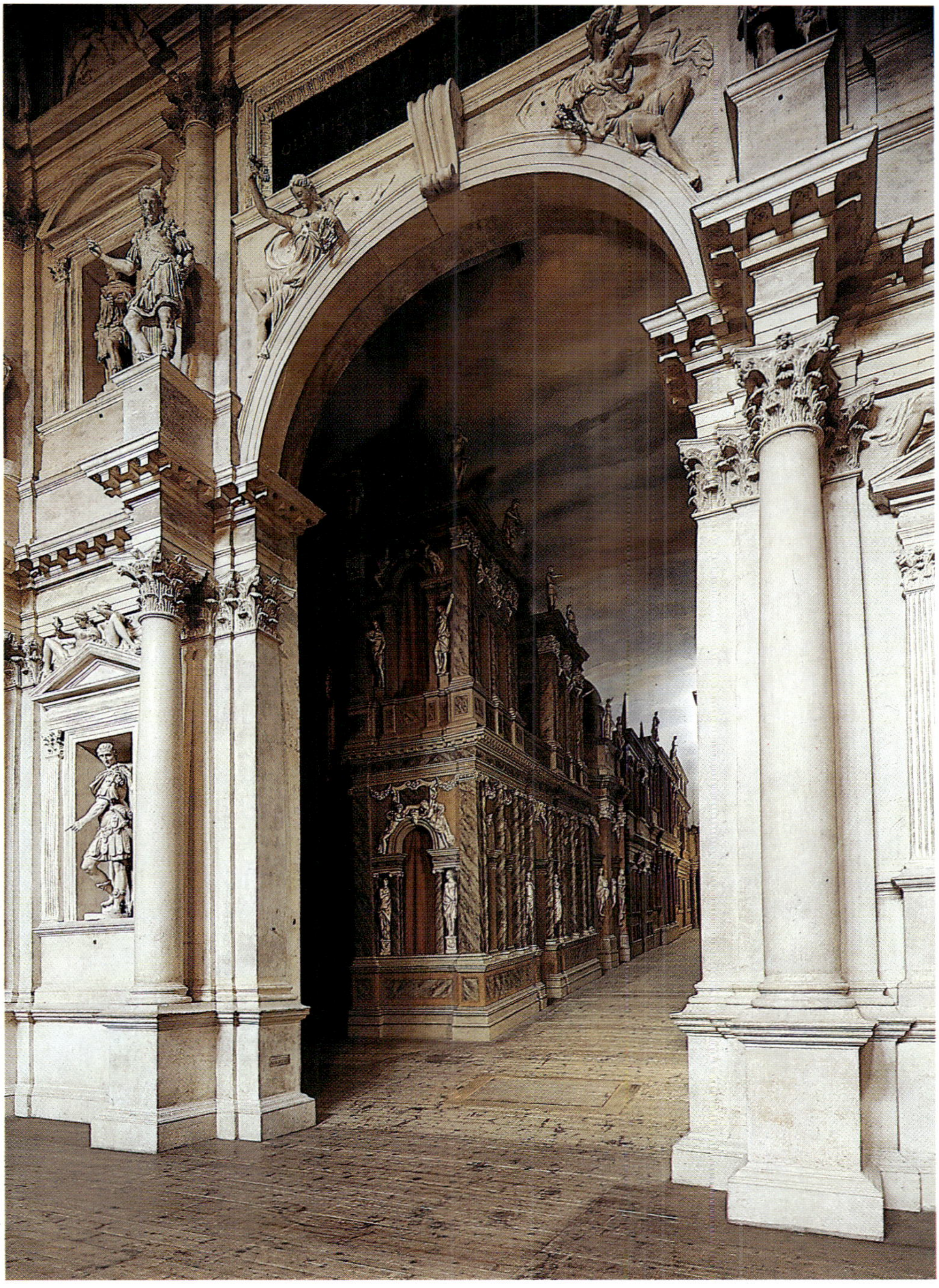

Teilansicht des Proszeniums. *Bühnenfront, Detail.*

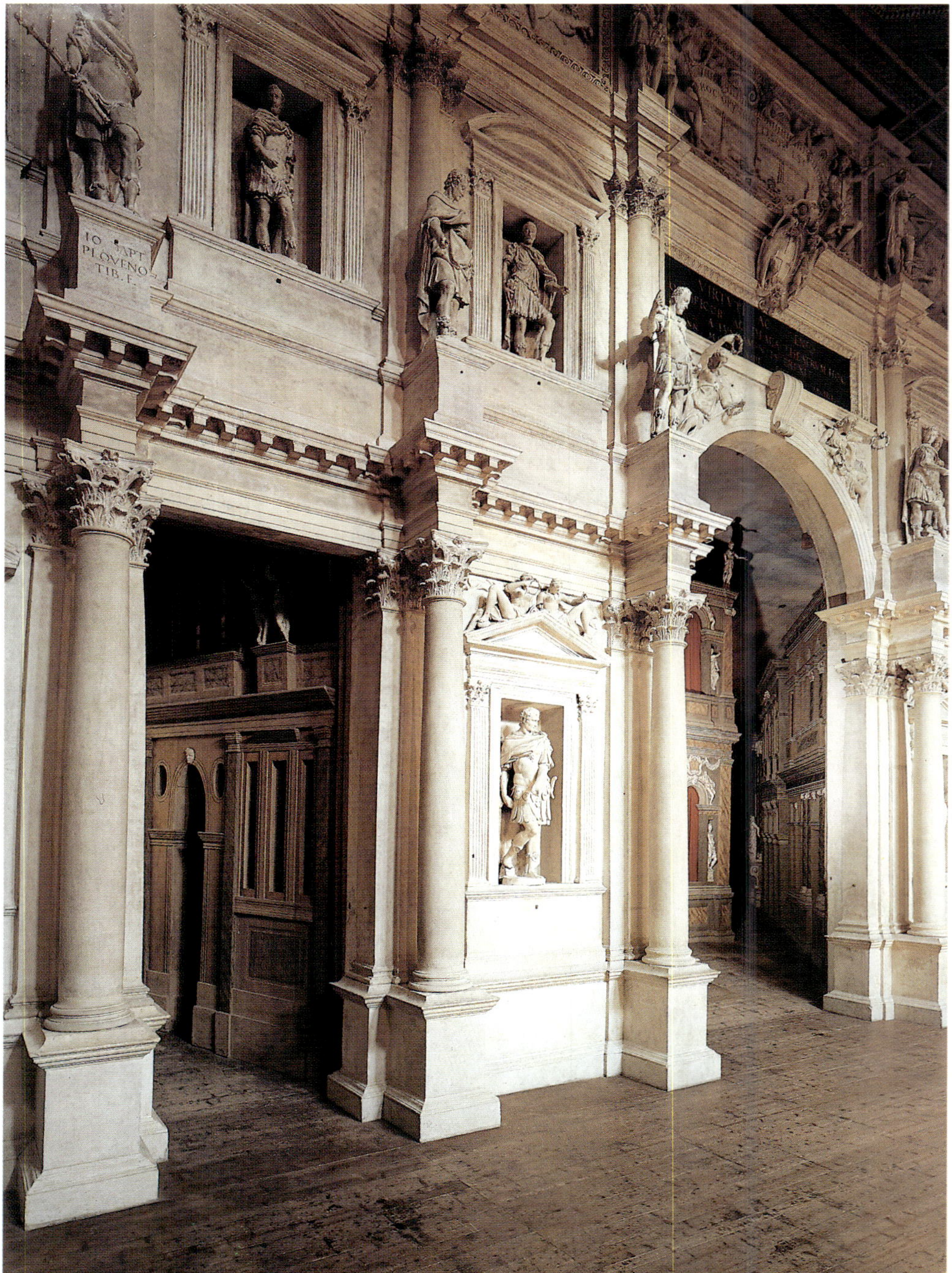

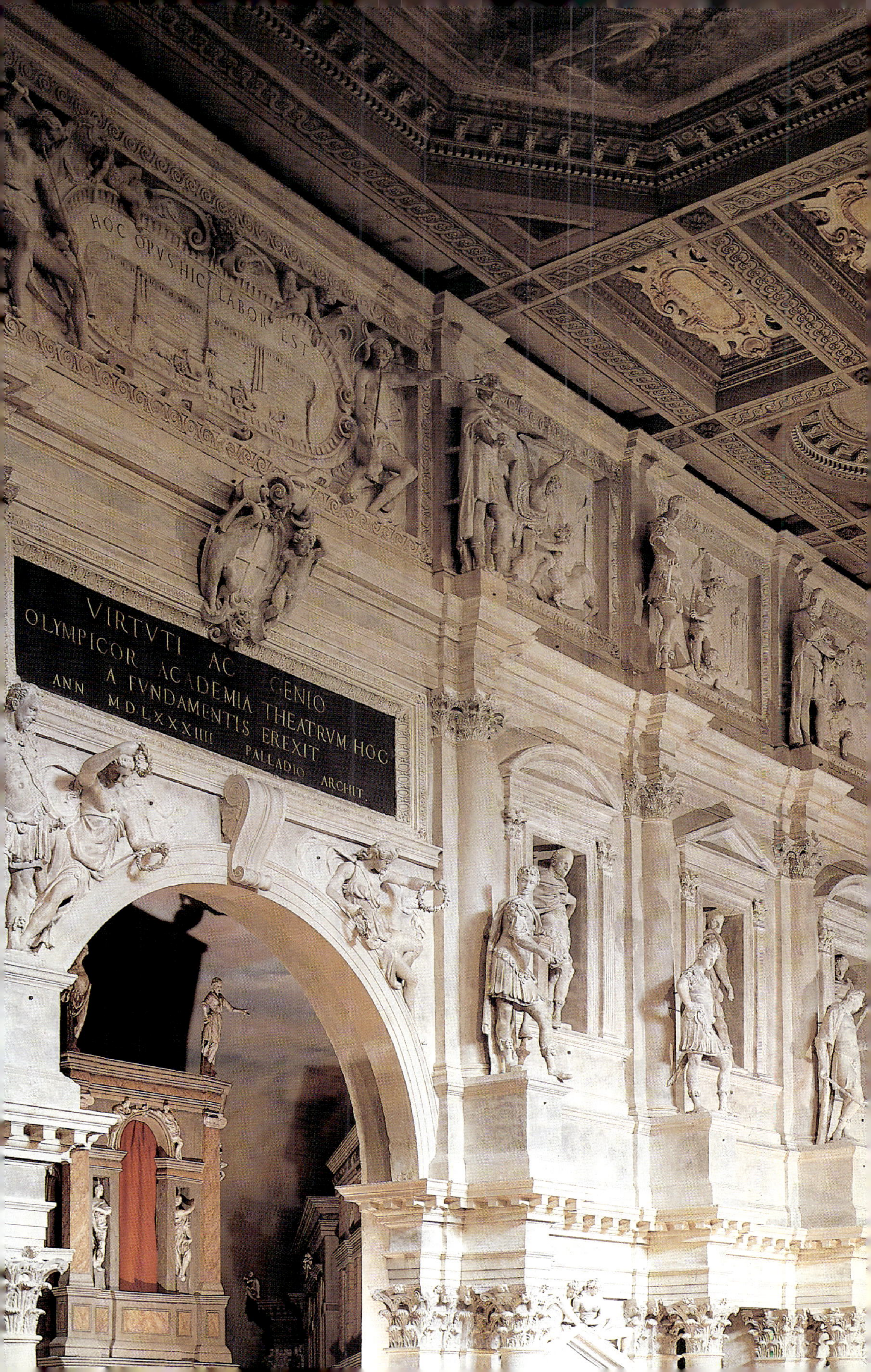
HOC OPVS HIC LABOR EST
VIRTVTI AC GENIO
OLYMPICOR ACADEMIA THEATRVM HOC
A FVNDAMENTIS EREXIT
ANN MDLXXXIIII PALLADIO ARCHIT.

Proszenium und Bühnenfront, Detail.

34

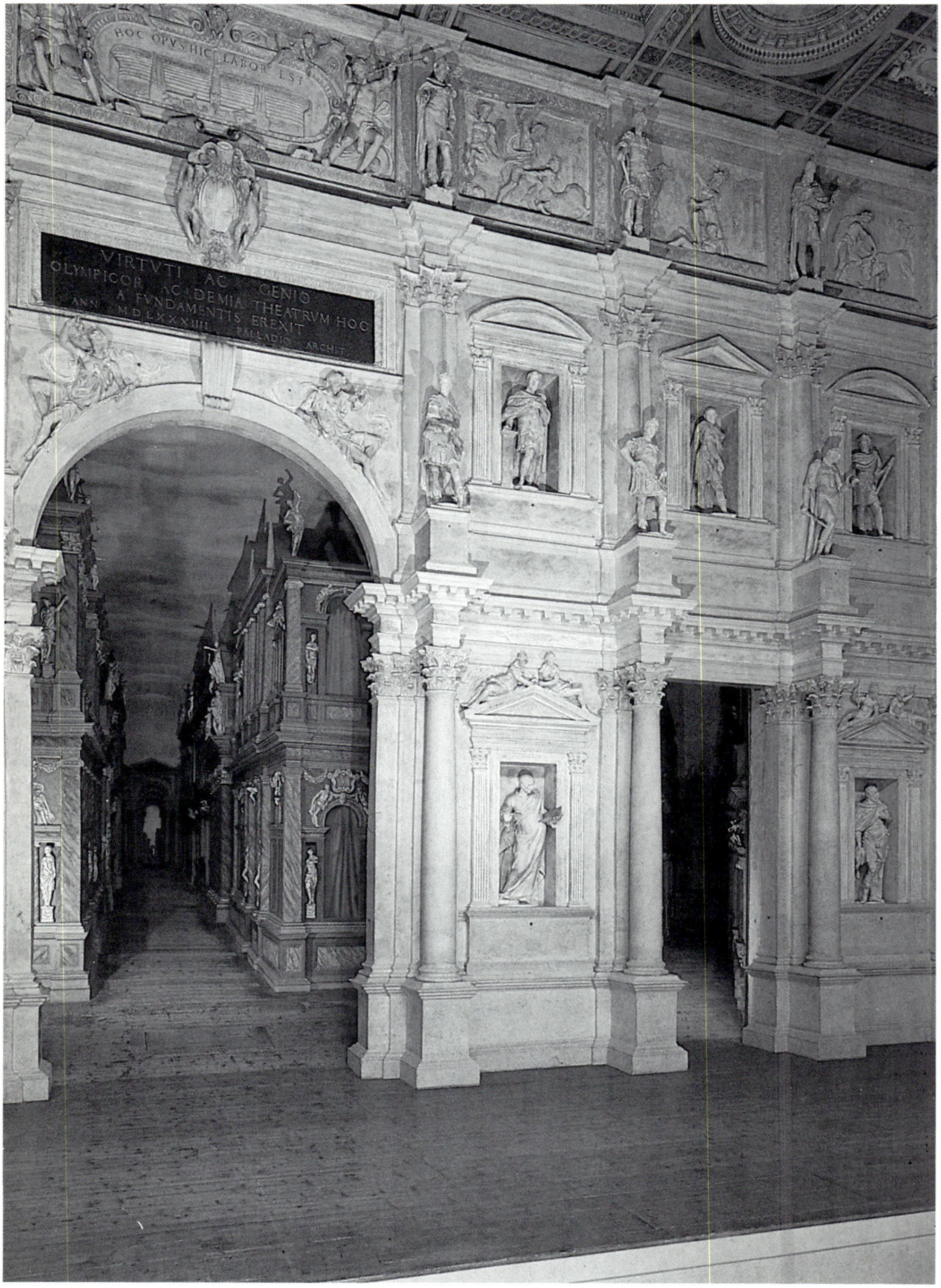

Fallstudien als der Vicentiner Architekt berufen kann.
Dank der Ausgrabungen während des 19. Jh.s hat man heute die Gewißheit – doch mit Sicherheit wußte dies auch Palladio! –, daß die Bühnenfront des Teatro Berga mit Statuen geschmückt war, die Mitglieder der Familie des Julius-Claudius wiedergaben – als Verherrlichung ihrer Macht und ihrer Rolle als Garanten der "Zivilisation" bis in die entferntesten Provinzen des Reiches.[12]
Im Falle des hölzernen Theaters der Basilica realisiert Palladio daher in einem, wenngleich weitläufigen und geräumigen, Innenraum eine Architektur, die sich an Prototypen inspiriert, die für Außentheater gedacht und angewendet worden waren. Wir können annehmen, daß sich der Künstler in der Basilica nicht mit dem Problem der Konfiguration der äußeren Abgrenzung dieses "Behälters" für Theatervorstellungen befaßt hat. Dies kommt auch aus seinen "archäologischen" Studien zum Ausdruck, im Laufe derer er seine Aufmerksamkeit in Schnitten und Ansichten vorwiegend auf die Cavea, den Bogengang und die Bühnenfront richtet.
Es versteht sich, daß nicht alle römischen Theater eine eindeutige Außenansicht besaßen, vor allem wenn sich die Stufencavea auf einem Hang wie in der griechischen Antike befand. Hier möge für alle das Beispiel des römischen Theaters in Verona gelten. Doch im Falle von anderen Theatern – und bei sämtlichen nicht für "literarische" Vorstellungen, sondern für Zirkusspiele vorgesehenen Amphitheater – wie das Marcellus-Theater in Rom oder das erwähnte Berga-Theater wurde die Cavea von außen durch große Bögen und Ordnungen von übereinander angebrachten Säulen abgestützt, deren Außenanlage in architektonischer Hinsicht sehr mächtig, ja wahrscheinlich mächtiger als der nach innen gerichtete Raum aussah.
Die Tradition des Theaters des Rinascimento, an die Palladio gebunden war, hatte sich hingegen, zumindest in Venetien, über eher einfache und in jeder Hinsicht "prekäre" und "jahreszeitlich begrenzte" Anlagen (siehe den Anlaß des Karnevals) für eine kleine und begrenzte Zuschauerzahl in "Innenräumen" wie Innenhöfen oder Festsälen herausgebildet.
So war es 1539 für die Vorstellung einer nicht bekannten Komödie von dem großen Sebastiano Serlio, dem berühmten Bühnenbildtheoretiker, in dem Innenhof des Palazzo Porto Corleoni im Auftrag der Vicentiner Compagnia della Calza gewesen. Und ebenso verhielt es sich 1565 für Palladio, als dieser von der Venezianer Compagnia della Calza, genannt Compagnia degli Accesi, auf der ruhmreichen Welle der "aristokratischen" Aufführungen in Vicenza beauftragt wurde, eine Theaterstruktur in der Form "eines halben Theaters aus Holz mit der Verwendung als Kolosseum"[13] für die Aufführung einer Tragödie in Venedig, wahrscheinlich im Innenhof des Palazzo Dolfin, zu erbauen.
An eine letzte, wenngleich nicht ausgesprochen "theatralische" (im Sinne der deklamatorischen Geste) Aufführung soll an dieser Stelle erinnert werden, denn sie wurde – aus noch immer nicht vollkommen klaren Gründen – in dem ikonographischen Programm des Teatro Olimpico aufgenommen, als sei sie gleichermaßen ein privilegiertes Relikt der Erinnerung, das nicht ausgelöscht werden durfte.
Hierbei handelt es sich um einen "Zirkus" für Pferde- oder Bigarennen, der im Jahre 1576 "zu Ehren des großen Herkules auf dem großen Marsfeld" für die erneuerten Feierlichkeiten der olympischen Spiele – die die Accademia Olimpica angesichts des großen Zustroms von Venetianern, die wegen der Pest in dem noch nicht verseuchten Vicenza Zuflucht suchten, veranstaltet hatte – von Palladio errichtet wurde. Ein neues ruhmreiches Ereignis also, das von der einflußreichsten kulturellen Vereinigung Vicenzas gewollt war, und mit der sich der lokale Adel lobend hervorheben konnte "zum Staunen der Welt das Lachen, die Fröhlichkeit und den Gesang" dort hervorgerufen zu haben, "wo Schmerz und Weinen herrschte". Kurze Zeit später, im Februar 1577, brach die Seuche auch in Vicenza aus.
"Der von Palladio entwickelte Zirkus entspricht dem hölzernen Theater, hat eine runde oder leicht elliptische Form, ist demontierbar und wird periodisch für Pferderennen von der Gemeinde Vicenza, die sich mit dessen Erhaltung befaßt, bis fast zum Ende des 18. Jh.s verwendet".[14] Dessen Abbildung ist uns durch zwei Drucke aus dem 18. Jh. überliefert.[15]

Bühnenfront: Teilansichten der Statuen.

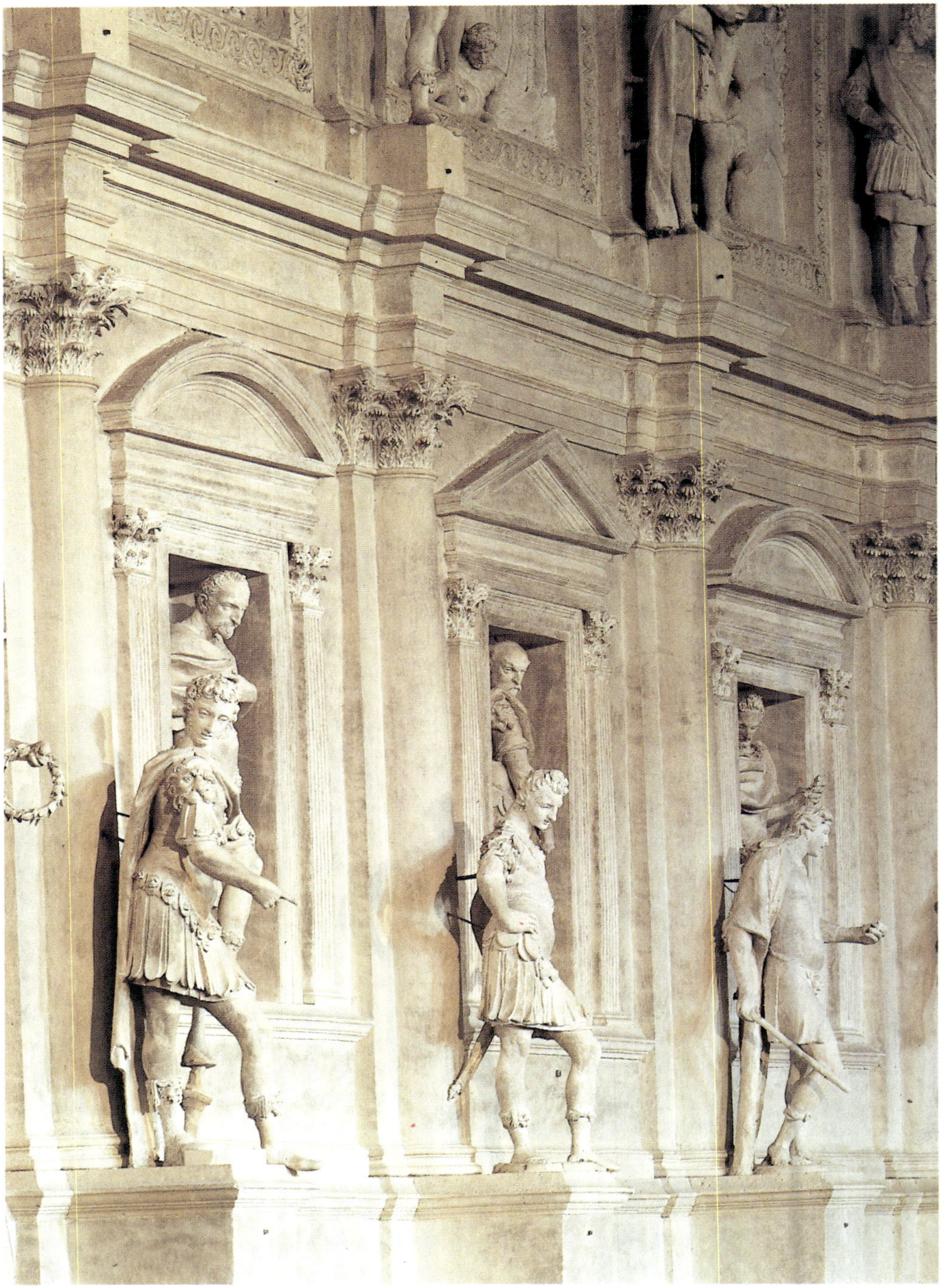

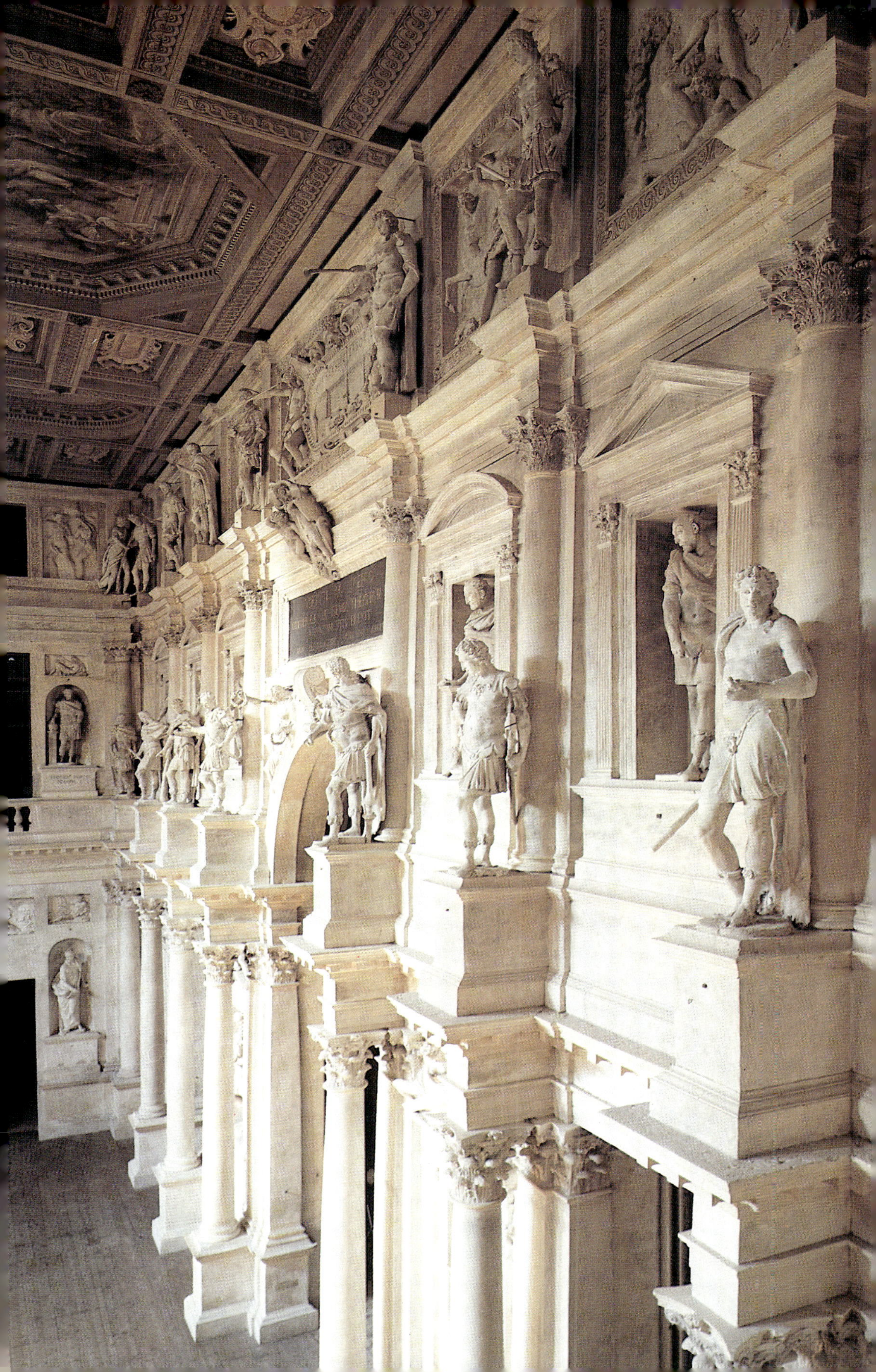

Der Bau des Teatro Olimpico

Am 10. August 1579 wird im Laufe der Sitzung der Accademia Olimpica – die, nach verschiedenen Änderungen des Sitzes der Gemeinschaft erneut in dem Gebäude von Porta Nuova stattfindet – die Tatsache getadelt, daß nach der Vorstellung der *Sofonisba*, mit Ausnahme einer wahrscheinlich privat inszenierten Aufführung "eine fast anhaltende Ruhe über öffentliche Aufführungen" eingetreten war.

Mit der Entscheidung der öffentlichen Aufführung einer pastoralen Dichtung anläßlich des darauffolgenden Karnevals wird die Unzulänglichkeit des "akademischen Hauses" festgestellt, und nach verschiedenen Aufschiebungen am 15. Februar 1580 wird beschlossen, daß die Aufführung in einem ständigen Theater stattfinden solle, das die "virtuose" akademische Gemeinschaft Vicenzas späterhin "mit dauerhaftem Ruhm" benützen könne.

Zu diesem Zweck wird die Gemeinde gebeten, auf dem Gebiet der bereits erwähnten Alten Gefängnisse das "überdachte und zum Teil freie, sehr geräumige Gelände in der Richtung des Engelsbrunnens, der Fontana degli Angeli, das weder öffentlich noch privat in keiner Weise benützt wird" zur Verfügung zu stellen. Bereits am darauffolgenden 25. Februar gibt der Große Rat der Stadt Vicenza dem Antrag auf Bewilligung statt, sodaß wenige Tage später "der große Bau beginnen" kann, "in dem die Akademie sowie das Theater und die Bühne für öffentliche Aufführungen und für die ständige Erhaltung und Tagung der Akademie selbst ihren ständigen Sitz erhalten soll".

Die blitzartige Eile, mit der man von den Vorhaben zu den Tatsachen übergeht, darf nicht verwundern, da der für die Verwirklichung des Theaters auserkorene Architekt – selbstverständlich Andrea Palladio – seit vielen Jahren auf eine derartige Gelegenheit gewartet hatte. Und auf diese Gelegenheit war er alles andere als unvorbereitet, sodaß er im Laufe weniger Wochen jenes "Modell ... des ... Akademiemitgliedes Palladio" (wie in den Chroniken vermerkt ist) gemeinsam mit einer "Zeichnung für die Perspektiven" vorlegen kann. Diese war selbstverständlich für die Vorstellung einer pastoralen Dichtung vorgesehen, zu deren Aufführung – gleichsam ein Beweis für die Eile der Akademiker, die verlorene Zeit einzuholen – eine spezielle Kommission bereits damit beschäftigt war, die Schauspieler auszuwählen. Der architektonische Entwurf Palladios beinhaltete ein klassisches Theater nach dem Modell der Antike, das den bereits erwähnten Erfahrungen entsprach, die mit der Zeit perfektioniert worden waren – im Hinblick auf die zu erwartende Gelegenheit einer endgültigen und somit dauerhaften Ausführung. Logischerweise muß angenommen werden, daß das Augenmerk zunächst darauf gerichtet wurde, einen überdachten "Körper aus Mauerwerk" zu errichten, wobei die bestehenden Strukturen und Mauern der äußeren Umgrenzung trotz deren ziemlich unregelmäßigen Verlaufes verwendet wurden.

Da ein Theater aus prekärem Material wie Holz und Stuck, und nur zum Teil aus Stein, errichtet werden sollte, mußten die Baustelle und der Bau zunächst vor den Witterungseinflüssen geschützt werden. Nicht nur von der Form und dem Entwurf, doch auch von dem verwendeten Material können somit die vorangegangenen Theatererfahrungen Palladios abgeleitet werden – und dies nicht nur allein wegen der Kosten und Einsparungen! Der Architekt mußte die Knotenpunkte der Struktur festlegen, von denen er nicht mehr abweichen konnte, was die Auslegungen moderner Kritiker, die auf weitgehende Umänderungen im Laufe des Werkes Palladios hinweisen, widerlegt.[16]

Der Aufbau des Theaters entsprach daher der Struktur der bereits erwähnten provisorischen Theater Palladios gemäß eines Schemas, das im folgenden Abschnitt beschrieben werden soll.

Eine grundlegende geschichtliche Episode muß jedoch noch erwähnt werden: Der Künstler hatte für das neue Theater selbstverständlich an eine mit Statuen ausgeschmückte Bühnenfront gedacht. Die Akademiker, die sich bereits für den Bau besteuert und gefordert hatten, "daß jeder den ihm als notwenig erscheinenden Betrag bezahlen möge", beschlossen nun am 23. Mai 1580, daß jeder "zu seinen Spesen die eigene Statue ... mit seinem Namen, dem seines Unternehmens und seiner Waffengattung" erstellen möge. "Diese Statuen müssen auf den Sockeln der Säulen in den entsprechenden Nischen des Baus installiert werden", d. h. in die Bühnenfront ge-

Bühnenfront: Statuen der zweiten Ordnung.

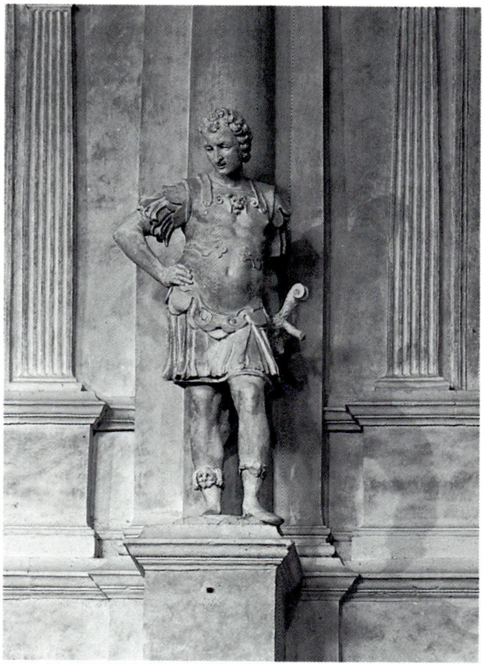

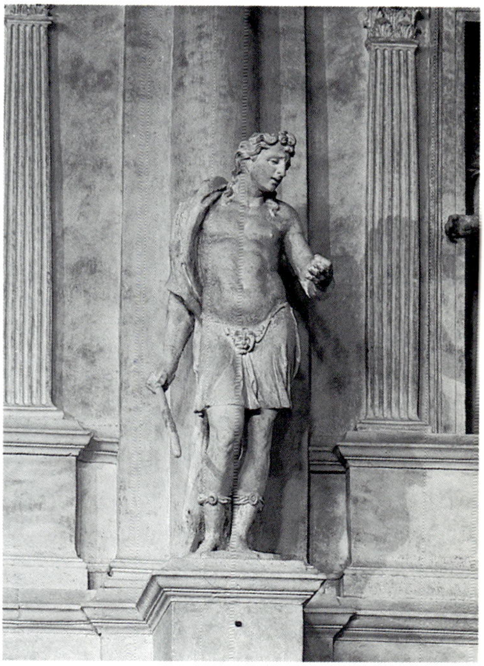

Bühnenfront: Statuen der ersten Ordnung.

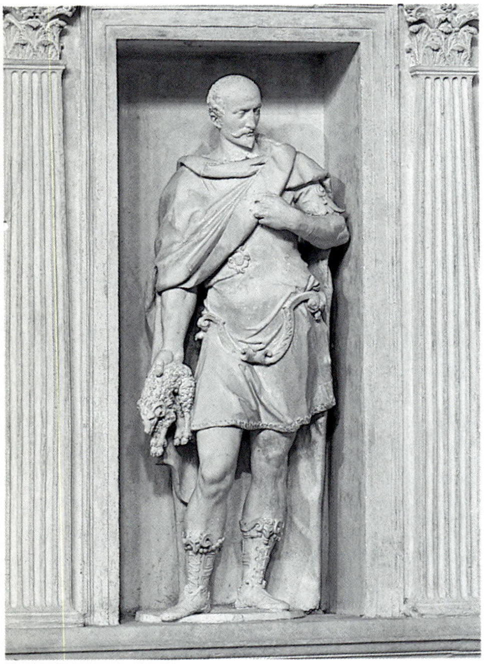

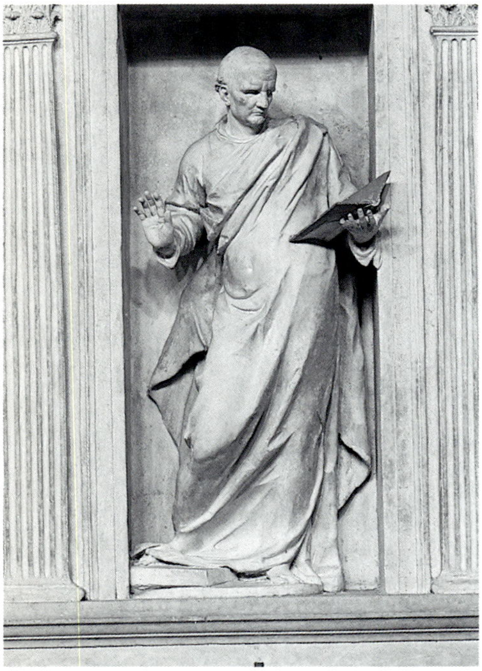

meinsam mit den von dem Entwurf Palladios vorgesehenen Figuren der Tugenden.
Doch noch während die Grenzmauern des Baus errichtet werden, verstirbt Palladio am 19. August 1580. Obwohl das Gebäude am darauffolgenden 7. November "derart fertiggestellt ist, daß mit wenig Geld und in Kürze das Dach gedeckt werden kann", gleitet der Bau in eine Pattsituation, da die Führung des Architekten fehlt, obwohl dieser Zeichnungen und das Modell des Bauwerkes hinterlassen hatte.[17]
Die Arbeiten für die Grenzmauern, die Cavea, das Proszenium und die Bühnenfront können innerhalb des Jahres 1583 rasch beendet werden, doch an einem Punkt können die Vorstellungen des Meisters schwer geklärt werden, und zwar hinsichtlich jener Bühnenbilder und Perspektiven, die in, mit Sicherheit begrenztem Umfang, hinter den drei Öffnungen in der Bühnenfront installiert werden sollten. Es ist anzunehmen, daß Palladio bereits im Falle des provisorischen Theaters in dem Festsaal der Basilica die schwierige Problematik des antiken Theaters gelöst hatte – hinsichtlich der Verbindung zwischen *frons scenae* und den sogenannten *periactoi* (Prismen mit einer dreieckigen Basis und auf den Seitenflächen den drei aufgemalten Bühnenbildern, die je nach Anforderungen um eine Achse gedreht werden konnten) –, indem er die drei in den klassischen Beispielen vorhandenen halbrunden Nischen in geometrische Öffnungen abgeflacht hatte, hinter denen sich die reliefartigen und perspektivischen Bühnenbilder befanden. Doch für das Teatro Olimpico gaben weder die Zeichnungen, noch das Modell genügend Auskunft, wahrscheinlich, da der Künstler im Laufe der Fertigstellung die optimale, den neuen Anforderungen genügende Lösung zu finden gedachte.
Am 23. Januar 1582 bitten die Akademiker den Großen Rat um die Genehmigung für die Verwendung eines weiteren Stückes des neben dem bereits bewilligten Gebiet liegenden Geländes und erläutern, daß dies "für die Perspektiven notwendig sei, ohne die der Bau innerhalb der Alten Gefängnisse nicht die Perfektion erreichen kann". In der Zwischenzeit hatte man die Idee der Einweihung des Theaters mit der Aufführung einer pastoralen Dichtung verworfen und plante dagegen die Aufführung einer klassischen Tragödie. Die

Bühnenfront: Mittlerer Abschnitt der Attika mit der Pferderennbahn *und darüber dem olympischen Motto; darunter das Wappen der Stadt Vicenza.*

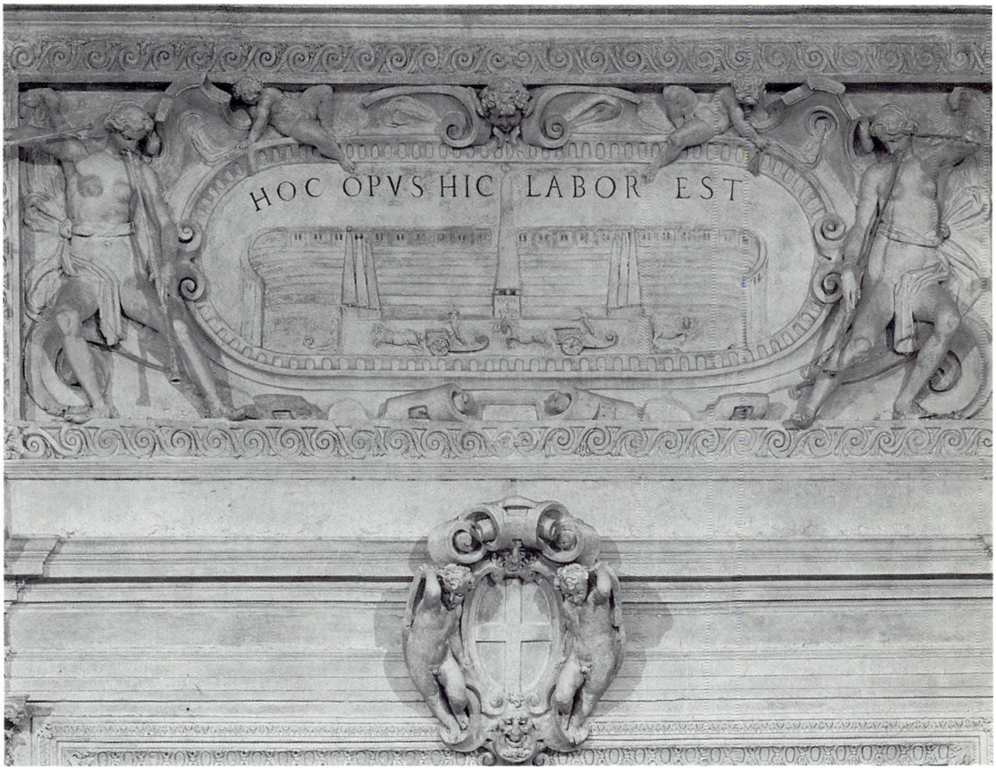

Bühnenfront: Statuen der zweiten Ordnung.

42 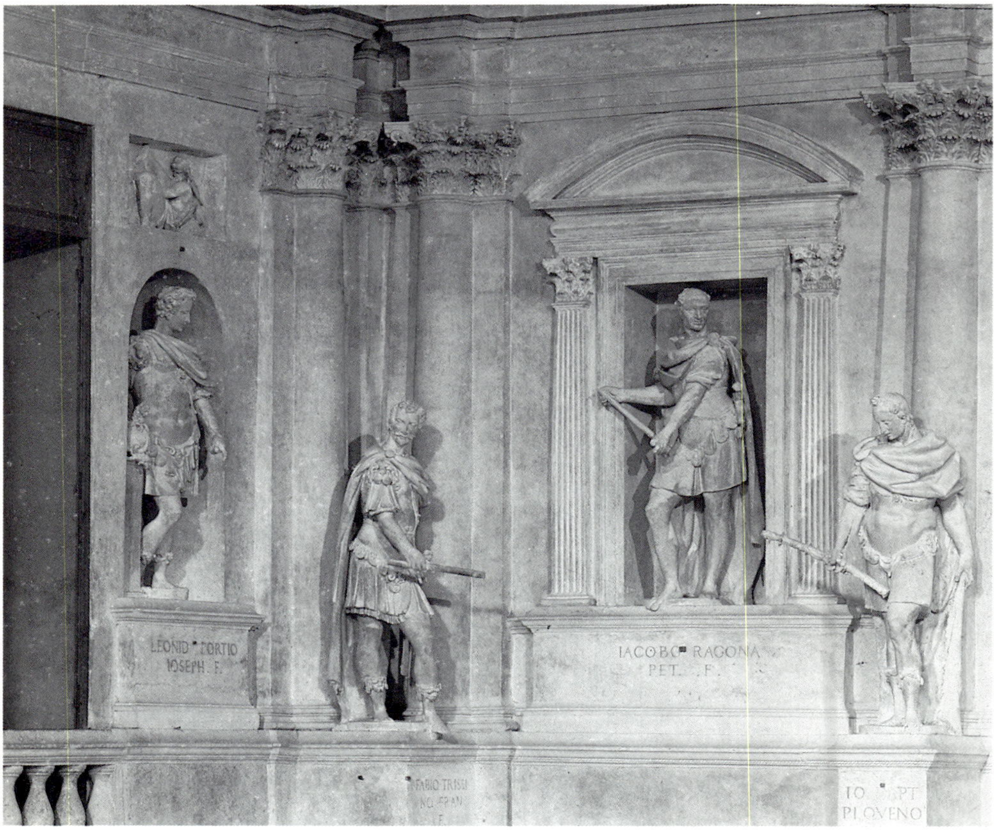

Exedra: Statuen.

Auf den folgenden Seiten:
Exedra: Statuen.

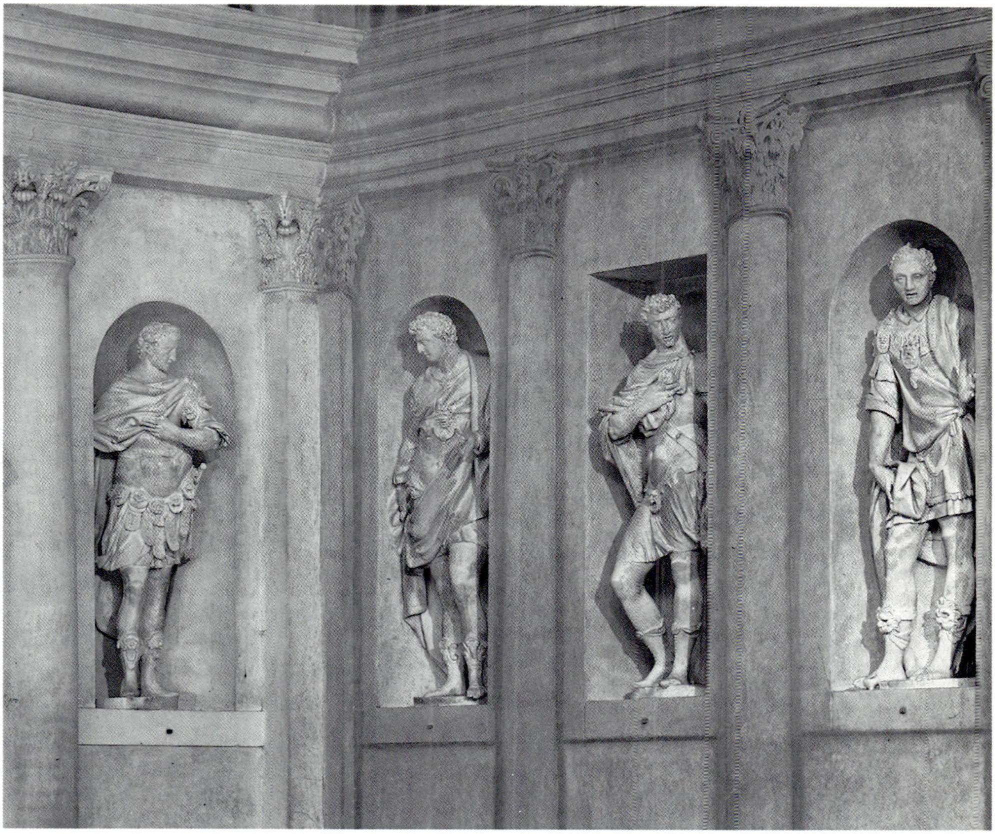

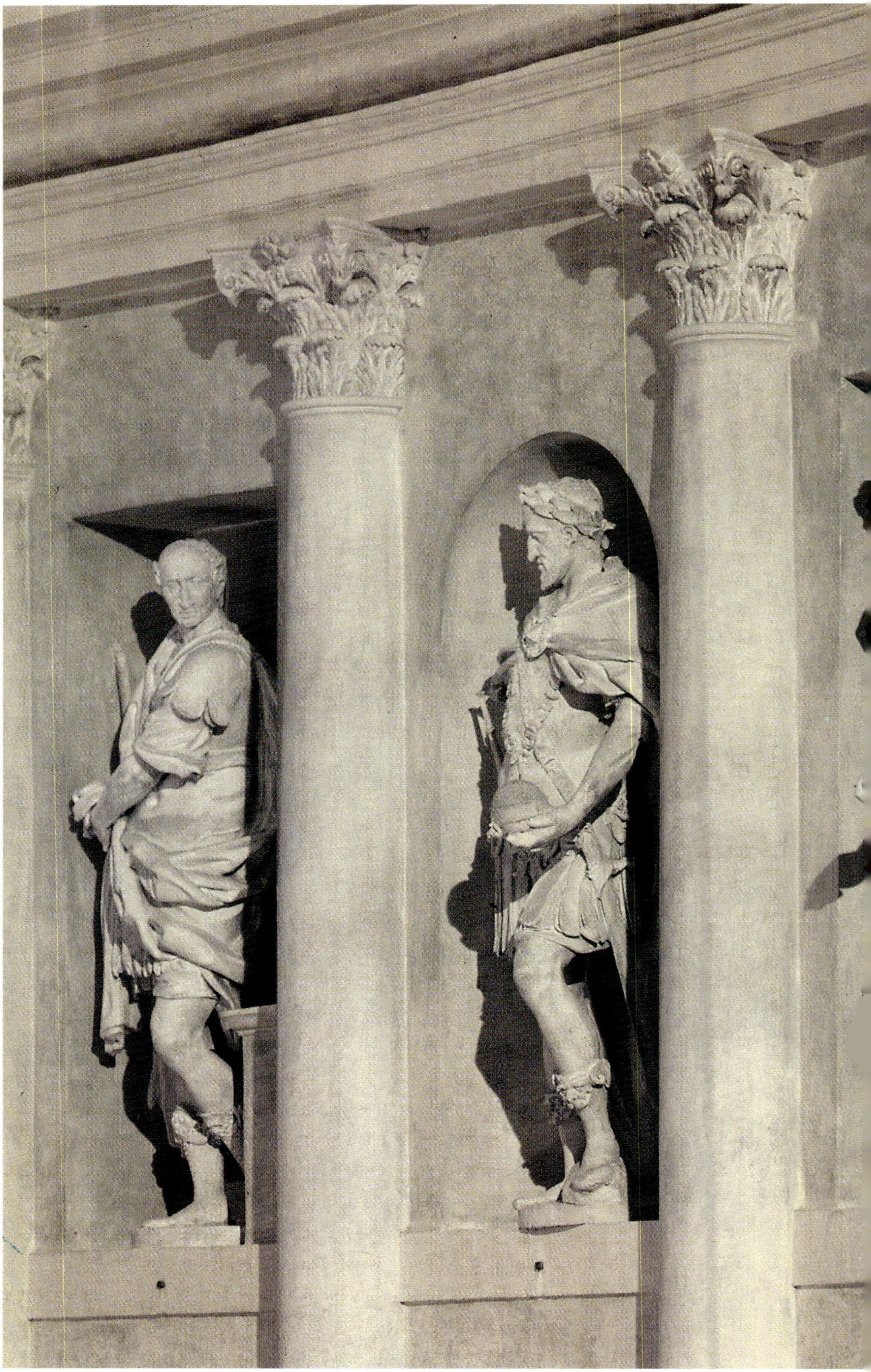

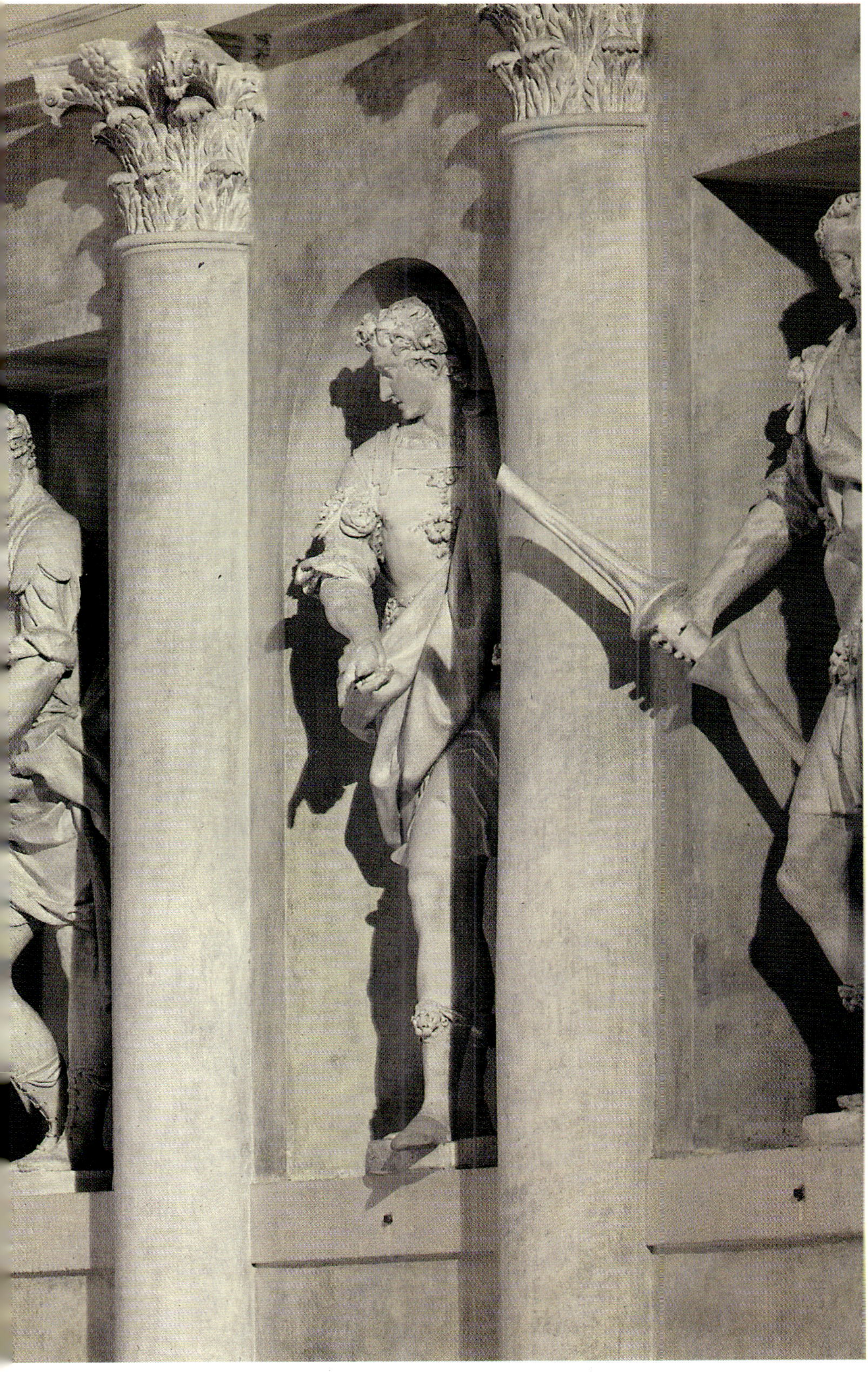

Bühnenfront: Reliefs der Attika mit Episoden aus dem Leben des Herkules, dem Helden der Accademia Olimpica.

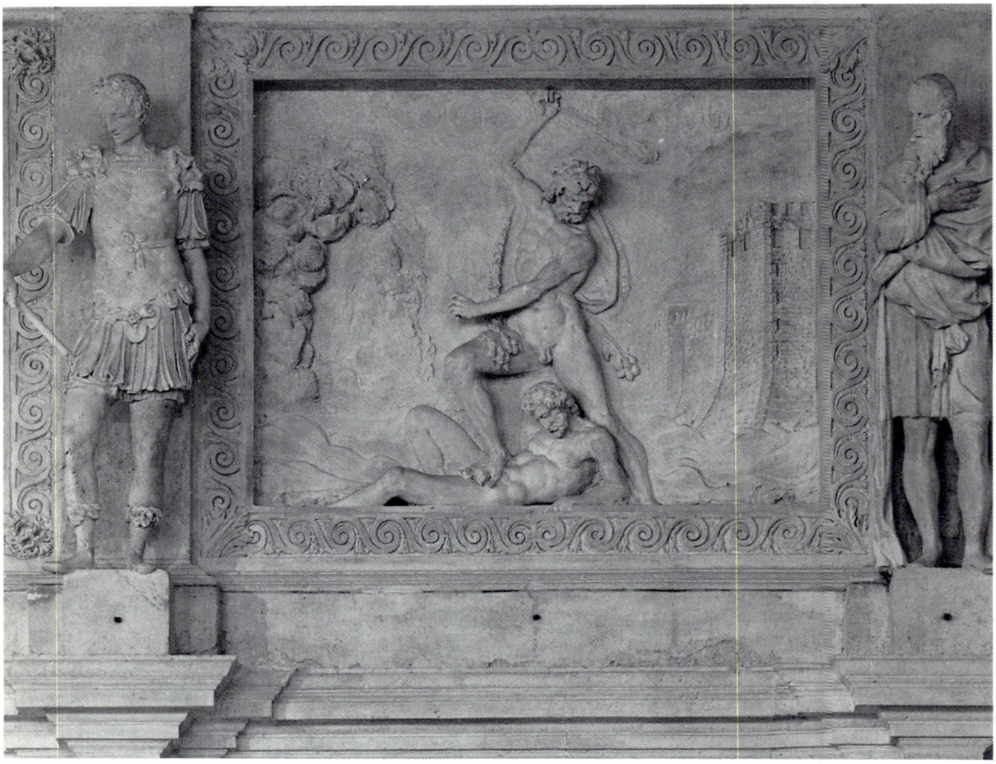

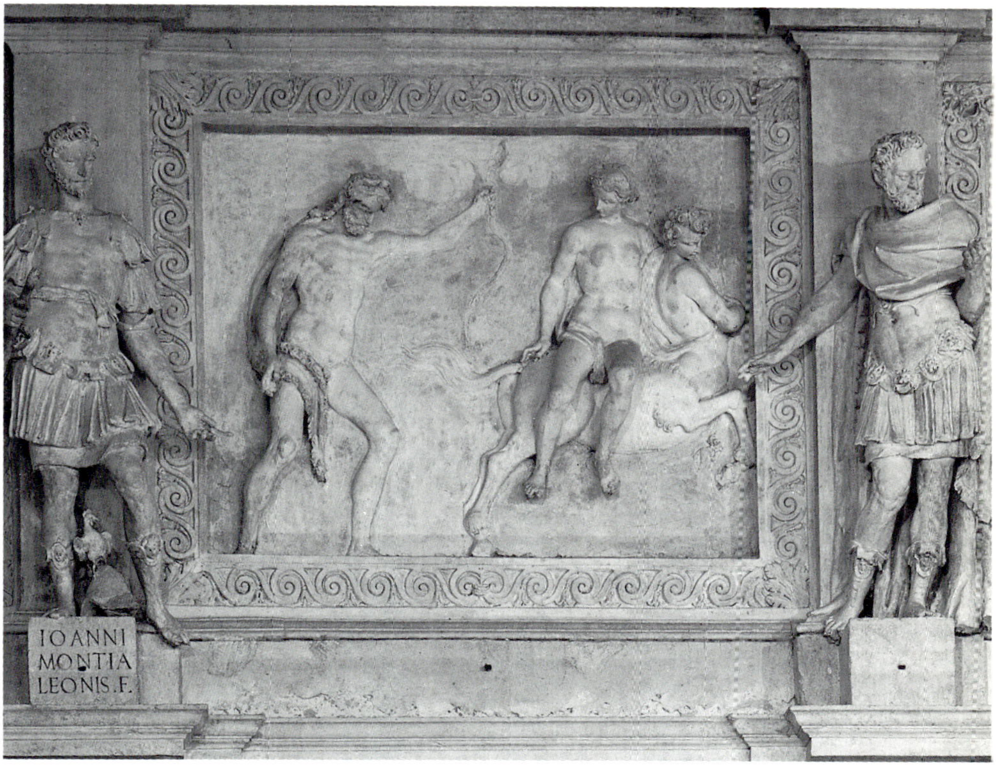
IOANNI
MONTIA
LEONIS.F.

Wahl fiel bedeutsamerweise auf *König Ödipus* von Sophokles im Hinblick auf den vortrefflichen Ausdruck der antiken griechischen Dichtung, die von dem Venezianer Orsatto Giustiniani neu übersetzt worden war.[18]
Alsbald wurde der "Regisseur" Angelo Ingegneri aus Ferrara mit dem Vorhaben beauftragt, der sogleich beschloß, daß die Bühne "Theben, Stadt Böotiens und Sitz des Reiches", in der sich die Tragödie Sophokles' abspielt, darstellen müsse. Am 6. Mai 1584 beauftragen die Akademiker den großen Architekten aus Vicenza Vincenzo Scamozzi – dessen Ruf inzwischen nicht mehr von der blendenden Ausstrahlung Palladios beschattet wurde – mit dem Entwurf. Damit sind die Akademiker nunmehr von einer Anordnung der Bühnenbilder überzeugt, die sich grundlegend von den Vorstellungen des Architekten des Theaters unterscheidet und eine weitaus größere Entwicklung der Perspektiven umfaßt, als ursprünglich vorgesehen – auch angesichts der Tatsache, daß diese nun dank der Bewilligung des neuen Geländestückes durch die Gemeinde möglich wurde.
Gegenüber der im Grunde anachronistischen Vorstellung Palladios vom Theater gemäß der Antike, erscheint das Konzept Scamozzis als höchst aktuell, sowohl in technischer, wie in formaler Hinsicht, im Hinblick auf die zeitgenössischen Erfahrungen der Bühnenbildkunst vor allem auf dem Gebiet der perspektivischen Ausführungen, mit einer besonderen Aufmerksamkeit für die Recherchen eines Peruzzi, eines Serlio und eines Aleotti.
Die Aufführung der Eröffnung des Teatro Olimpico findet am Karnevalsabend des 3. März 1585 statt.[19] Der Hauptdarsteller des *Ödipus* war Nicolò Rossi, die Rolle des Tiresias spielte der weitaus bekanntere Luigi Croto, genannt Cieco d'Adria, und das Ehepaar Verato spielte die Rollen Kreons und der Iokaste. Neben dem Regisseur Ingegneri und dem Bühnenbildner Scamozzi arbeiteten der Maler Giambattista Maganza an den Kostümen und der Musiker Andrea Gabrieli an der Musik für den Chor. Es war eine denkwürdige Aufführung. In kurzer Zeit breitete sich der Ruf zunächst nach Venedig und später in ganz Italien aus, wodurch Vicenza eine wahre Hauptstadt des Theaters wurde.
Die Eröffnungsvorstellung fand in Filippo Pigafetta einen leidenschaftlichen und begeisterten Chronisten, wenngleich mit Übertreibungen, wie jene bezüglich der Zuschauerzahl, die er als dreimal höher als die tatsächliche Kapazität des Theaters angab. Der Text dieser Beschreibung befindet sich im Anhang.[20]
Im Juli des gleichen Jahres wurde im Teatro Olimpico ein Empfang für nach Vicenza gekommene japanische Abgesandte organisiert, die den Akademikern und den in der Cavea versammelten Bürgern vorgestellt wurden.[21] Daraufhin – nach einem Tournier im Jahre 1588, über das uns eine Chronik über die entfernte "feudale" Natur der Vicentiner Theatervelleitäten berichtet[22], sowie nach zehn Jahren, nach der Aufführung des *Eugenio* von F. Pace (?) und einem anschließenden Tournier im März 1612 – breitet sich über die Aufführungen des Teatro Olimpico ein unerbittliches Schweigen aus.
Erst im Jahre 1782 findet mit dem Besuch von Papst Pius VI. erst wieder ein denkwürdiges Ereignis in dem Theater statt. Dank seiner Einzigartigkeit und seiner unglaublichen Schönheit hatte es sich bereits anläßlich des Besuches der japanischen Delegation eher als ein Ort der Repräsentation als der Aufführung erwiesen – ein Ort, den man wie eine Seltenheit, wie ein unerreichbares Ziel zur Schau stellt, über das sich die Vicentiner zu allererst wunderten und sich an ihm erfreuten, als sei es ein unvorhergesehenes Wunder, das die Erwartungen jedes Einzelnen übertroffen hatte.
Das Teatro Olimpico konnte daher die Huldigungen der Bewunderung anläßlich der Besuche in dieser Stadt seitens Napoleon Bonaparte (1807), Kaiser Franz I. (1816) und Ferdinand I. (1838) entgegennehmen.
Erst in der Mitte des 19. Jh.s werden die klassischen Aufführungen sporadisch wiederaufgenommen[23] und später, von 1901 bis 1931 und von 1934 bis heute mit einer gewissen Regelmäßigkeit weitergeführt. Dies erfolgt im Blickfeld einer nicht ganz angemessenen geschichtlichen Rückgewinnung – unangemessen weniger hinsichtlich der Ziele, für die das Theater geschaffen worden war, sondern eher hinsichtlich dessen tatsächlichen Möglichkeiten und seiner wesentlichen Struktur, deren Grenzen und Eigenarten man mit den seit dem 17. Jh. veränderten theatralischen Anforderungen festgestellt hatte.

Beschreibung des Teatro Olimpico

In das Theater gelangt man über den Saal des Antiodeums, an den jener des Odeums angrenzt. Der Saal ist über ein von A. Scamozzi entworfenes Rustikaportal direkt mit der Außenwelt verbunden.
An der oberen Wandhälfte des Antiodeums läuft ein Streifen mit einfarbigen, ca. 1596 wahrscheinlich von Andrea Vicentino gemalten Fresken entlang. Diese sind mit Umrahmungen versehen und geben die theatralischen Ereignisse der Akademie im Laufe des 16. Jh.s wieder, über die wir bereits berichtet haben.
Es sind dies nacheinander *L'amor costante* (1561) und die *Sofonisba* (1562), die in der Basilica aufgeführt worden waren, der *König Ödipus* (1585) und das Tournier von 1588. Die erste der beiden letztgenannten Fresken bildet einen Zirkus mit halbelliptischen Zuschauerstufen und einem Bigarennen ab – wahrscheinlich der gleiche, der 1575 auf dem Marsfeld errichtet worden war – mit den darüber wiedergegebenen ersten beiden Worten des olympischen Mottos "Hoc opus"; die letzte das Zusammentreffen mit den japanischen Abgesandten im Jahre 1585 im Teatro Olimpico.
Im Antiodeum, der Ehrenhalle des Theaters, befinden sich die Tafeln mit den Erinnerungen an die berühmtesten Akademiemitglieder sowie an den Besuch Goethes im September 1786.
Der heutige Eingang in das Theater ersetzt seit Ende des zweiten Weltkrieges aus praktischen Gründen den ehemaligen Zugang, durch den das Publikum gezwungen war (wie es andererseits noch heute während der Vorstellungen der Fall ist), über zwei Treppen unterhalb der Cavea zu den oberen Logen hinaufzusteigen, um von dort aus seine Plätze auf den Sitzreihen einzunehmen.[24]
Die Besucher des Bauwerkes oder der Vorstellungen des Teatro Olimpico treffen zunächst auf den für sie vorgesehenen Ort: die aus vierzehn semielliptischen hölzernen Sitzreihen bestehende Cavea.
Diese wird nach oben hin durch eine ebenfalls semielliptische, wie eine Exedra angeordnete Säulenstruktur entwickelt und abgegrenzt. Der aus Vollmauerwerk bestehende, die Außenwand des Theaters tangierende Mittelsektor ist in neun (abwechselnd rechteckigen und abgerundeten) Nischen mit Statuen und angelehnten Halbsäulen gegliedert. An dessen Seiten entwickeln sich je zwei Logengänge mit korinthischen Säulen, auf die wiederum drei Nischen mit Statuen und angelehnten Halbsäulen folgen, die in eine Wand aus Vollmauerwerk eingelassen wurden.
Dieses Hilfsmittel dient dazu, einen Raum mit einer vorgegebenen unregelmäßigen Umgrenzung mit Ecken ober- und unterhalb des rechten Winkels nicht mit Exaktheit zu definieren, sondern derart zu gliedern, um diese Unregelmäßigkeiten mit Hilfe einer Kulisse zu vertuschen – eine Anspielung von Geräumigkeit als Vorausahnung von architektonischen Bühnenerfahrungen, die für das 17. Jh. charakteristisch sein sollten.
Die Absicht des Architekten wird durch die Bekrönung mit einer mit Statuen geschmückten Brüstung bestätigt, durch die die gesamte Struktur noch elastischer und luftiger wirkt und sich zu den Oberlichtfenstern hin graduell auflöst. Durch diese dringt genügend Sonnenlicht in das Teatro Olimpico, wodurch dieses auch ohne künstliche Beleuchtung für eventuelle Tagesaufführungen oder für die normalen Besichtigungen geöffnet werden kann.[25]
Die Statuen der Bekrönung der "Exedra" wurden sehr spät, ca. im Jahre 1750 von Giacomo Cassetti zu Ehren der Gründer der Akademie angefertigt. Unter ihnen befindet sich in der Mitte der Sequenz die Gestalt Andrea Palladios.[26]
Die in den Nischen befindlichen Statuen stammen hingegen aus der Epoche des Theaterbaues und wurden von den gleichen Bildhauern angefertigt wie die restlichen Statuen, die sich in dem Theater befinden und über die wir im weiteren berichten werden.
Die Verbindung der Exedra und der Cavea mit den Strukturen des Proszeniums und der *frons scenae* erfolgt über zwei glatte und ungegliederte Mauerstücke, die stilistisch zweifellos weitaus weniger gut gelungen sind. Auch die Halbsäulen, die Nischen und die bereits seit dem Ende des 16. Jh.s freskobemalten Statuen vermögen die kompositorische Schwäche keineswegs zu vertuschen.
Die Cavea ist heute von einem falschen Himmel überdacht, der im Jahre 1914 auf eine an die Dachbinder angehängte Rohrgeflechtdecke gemalt wurde. Diese Lösung soll an jene gemalte "Luft" erinnern, die den Bereich der Zuschauer zur Zeit des Theater-

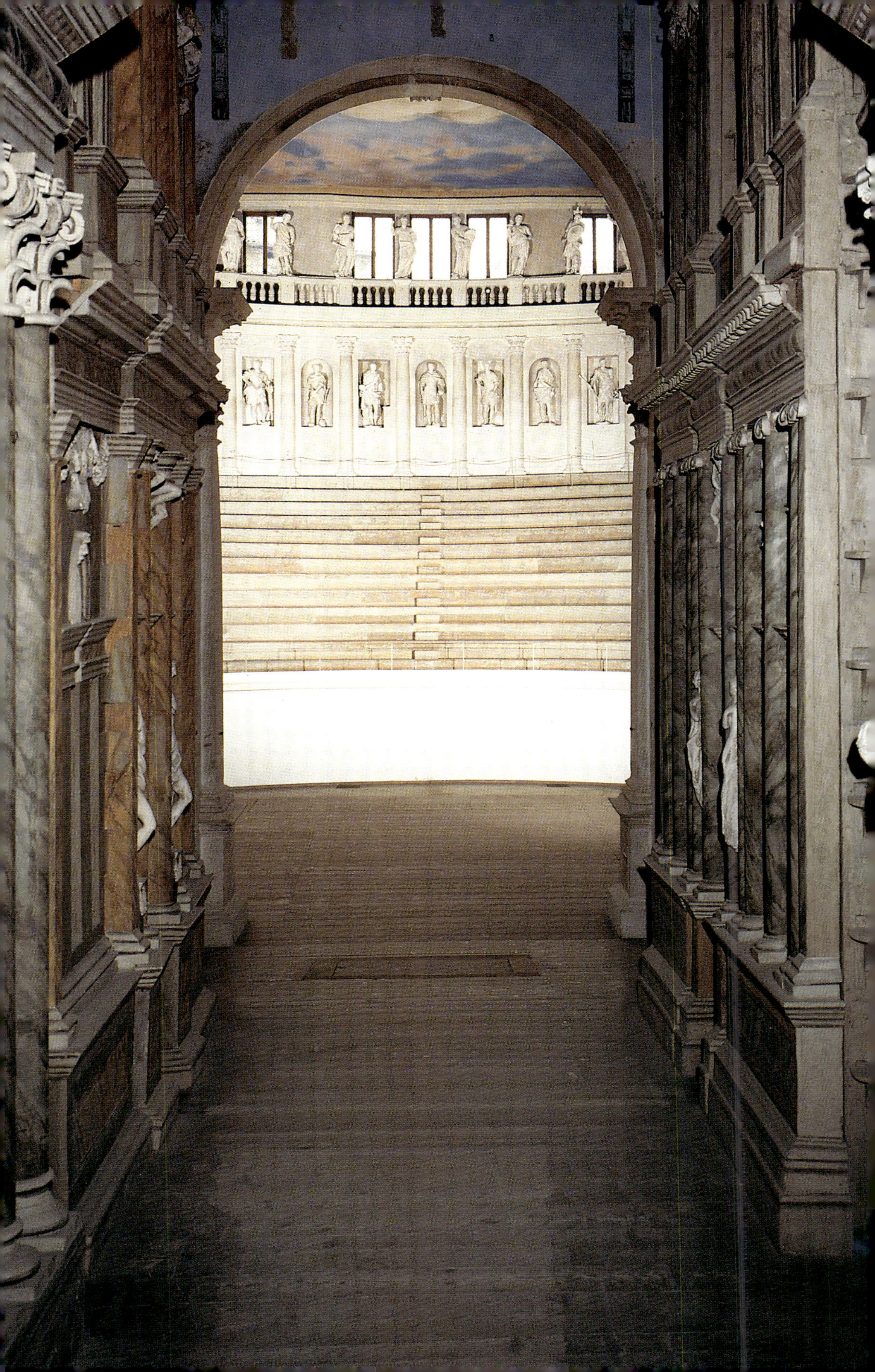

Die Cavea und die Exedra von der Königsstraße der Bühnenbilder Scamozzis aus gesehen.

baues wahrscheinlich abdeckte – eine Anspielung auf den offenen Himmel, unter dem sich sämtliche klassischen Theater befanden. Doch gleichermaßen ist bekannt, daß in den antiken Theatern das "Velarium" existierte, um das Publikum während der Aufführungen vor der Sonne zu schützen. Es ist daher nicht ausgeschlossen, daß auch im Teatro Olimpico diese Lösung mit Hilfe von Tüchern gewählt wurde, die – wie wir wissen – später installiert und daraufhin mit Sternen bemalt wurden.
Als sicher gilt die ursprüngliche Lösung der Abdeckung des Proszeniums mit einer dekorierten und bemalten "Ducale"–Kassettendecke, wie sich aus einer Zeichnung von O. Bruti Revese aus dem Jahre 1620 ergibt, aus der weiterhin ersichtlich ist, daß der Boden des Proszeniums mit Intarsienarbeiten aus verschiedenfarbigen Hölzern versehen war.[27] Nichts läßt sich jedoch über eine ähnliche Ausfertigung der Abdeckung der Cavea ableiten. Angesichts des schlechten Zustandes durch Wasserinfiltrationen beging man im Jahre 1734 den unverzeihlichen Fehler, die Decke des Proszeniums abzureißen, und ersetzte diese lediglich durch ein Tuch, das sehr bald morsch wurde und im Jahre 1755 das Problem der Abdeckung des gesamten Theaters noch radikaler aufwarf. Diesbezüglich bildeten sich innerhalb der Accademia Olimpica zwei sich gegenüberstehende Parteien. Die eine war für die Kassettendecke und den falschen Himmel (Arnaldi) und die andere für die einheitliche Lösung eines einzigen Velariums mit der Imitation des mit Sternen bedeckten Himmels (Calderari). Es überwog letztere mit einem Vorschlag, der 1828 von G. Picutti ausgeführt wurde. Dessen Aufbau wird durch einige zeitgenössische Drucke, sowie durch die ersten Fotografien des Theaters verdeutlicht, aus denen hervorgeht, daß die Tücher mit Hilfe einer großen ovalen "Fibel" aus vergoldetem Holz, die noch heute in den Lagerräumen aufbewahrt ist, zusammengehalten wurden.
Erst im Jahre 1914 wurde, wie bereits erwähnt, die heutige Lösung – mit der philologisch dokumentierten Version der Kassettendecke über dem Proszenium, deren Felder von G. Pogliaghi bemalt wurden – ausgeführt. Die "Luft" wurde dagegen von F. Bialetti aufgemalt.
Eher zweifelhaft erscheint die Bestimmung des halbrunden Raumes in der Mitte des Theaters zwischen der Cavea und dem Proszenium, der bei den Theatern der Antike Orchestra genannt wird. In der heutigen Ausfertigung handelt es sich in jeder Hinsicht um einen neutralen und ungelöst gebliebenen architektonischen Raum, der, je nach den Anforderungen der gegenwärtigen Aufführungen, entweder dem Publikum oder den Musikern Platz bietet.[28]
Das mehrfach erwähnte Proszenium besteht aus einer langgestreckten, schmalen rechteckigen Bühnenfläche, auf der sich die Theaterhandlung als solche abspielt. Die ausgesprochene Längsentwicklung erinnert gewissermaßen an eine Zielgerade, an ein *dromos*, das auch auf dem Stuckrelief in der Mitte oben auf der Szenenfront angedeutet ist. Hier ist erneut, wie auf dem Fresko im Antiodeum, eine elliptische Pferderennbahn für Bigaoder, wie hier, für Quadrigarennen abgebildet. Im Gegensatz zu dem ersten wird hier das olympische Motto, nach der letzten Restaurierung, vollständig wiedergegeben. Doch auch hier war es einst ausschließlich in seiner ersten Hälfte begrenzt worden, wahrscheinlich aus einer unangebrachten und fälschlichen Wiedergabe des bereits erwähnten Freskos im Antiodeum, auf dem lediglich die ersten Worte "Hoc opus" angebracht sind.[29]
Der Bühnenhintergrund für das neutral gehaltene Proszenium ist die Szenenfront, die sowohl in architektonischer wie in dekorativer Hinsicht am intensivsten gegliederte Struktur des Theaters – insgesamt aus Stein, Holz und Stuck bestehend.
Die Szenenfront begrenzt das Proszenium an dessen Extremitäten und verknüpft sich mit den Mauervorsprüngen neben der Cavea, wodurch diese in der Entwicklung und im figurativen Entwurf abgerundet wird.
Die Szenenfront mit einer doppelten korinthischen Säulenordnung – mit den auf Sokkeln stehenden Säulen der ersten Ordnung – öffnet sich in drei Vertiefungen, deren mittlere gewölbt ist und "Königspforte" genannt wird. Die beiden kleineren seitlichen mit Gebälk bedeckten Öffnungen werden "hospitalia" genannt – gemäß einer Nomenklatur, die von den römischen Triumphbogen, denen die Szenenfront Palladios zum Teil nachempfunden ist, herrührt.
Die beiden seitlichen Öffnungen wurden ge-

Bühnenbilder Scamozzis, Details von der Rückseite.

52

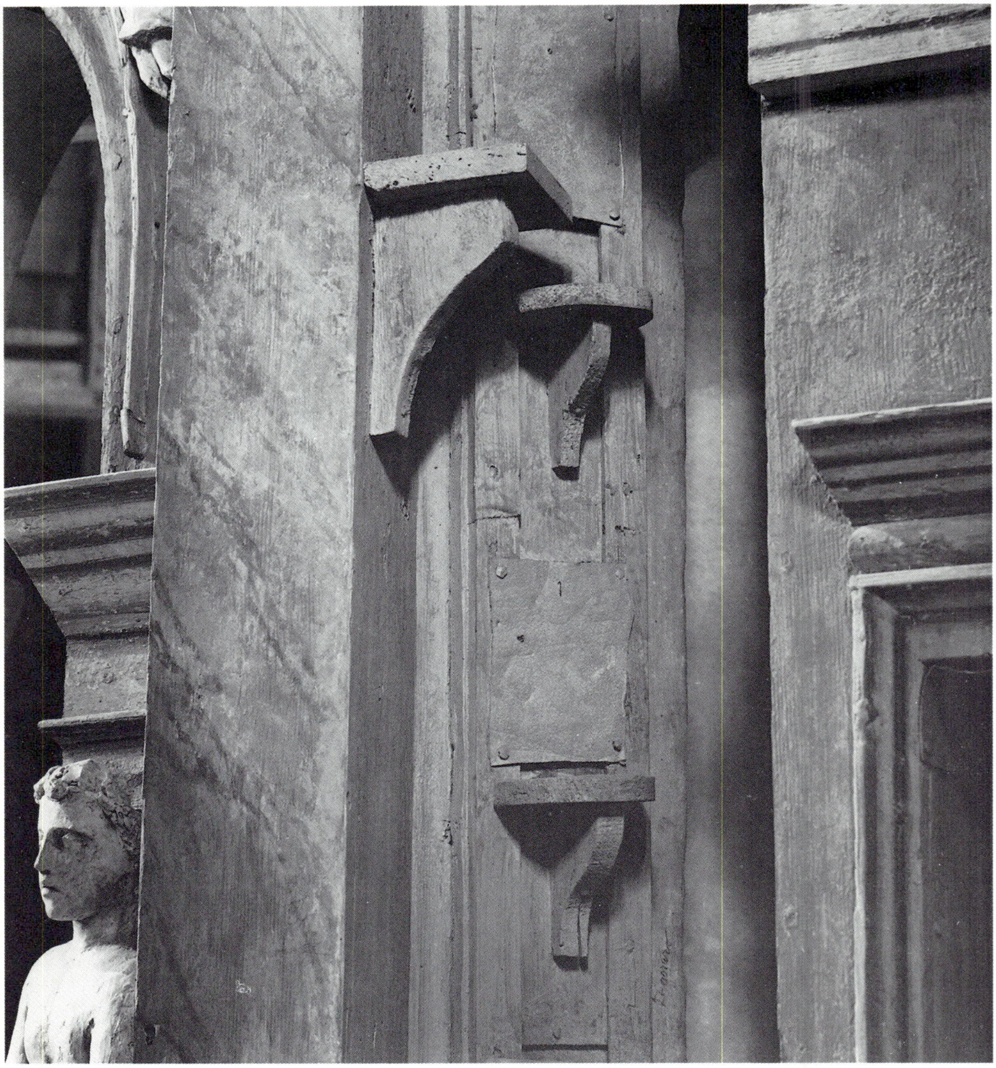

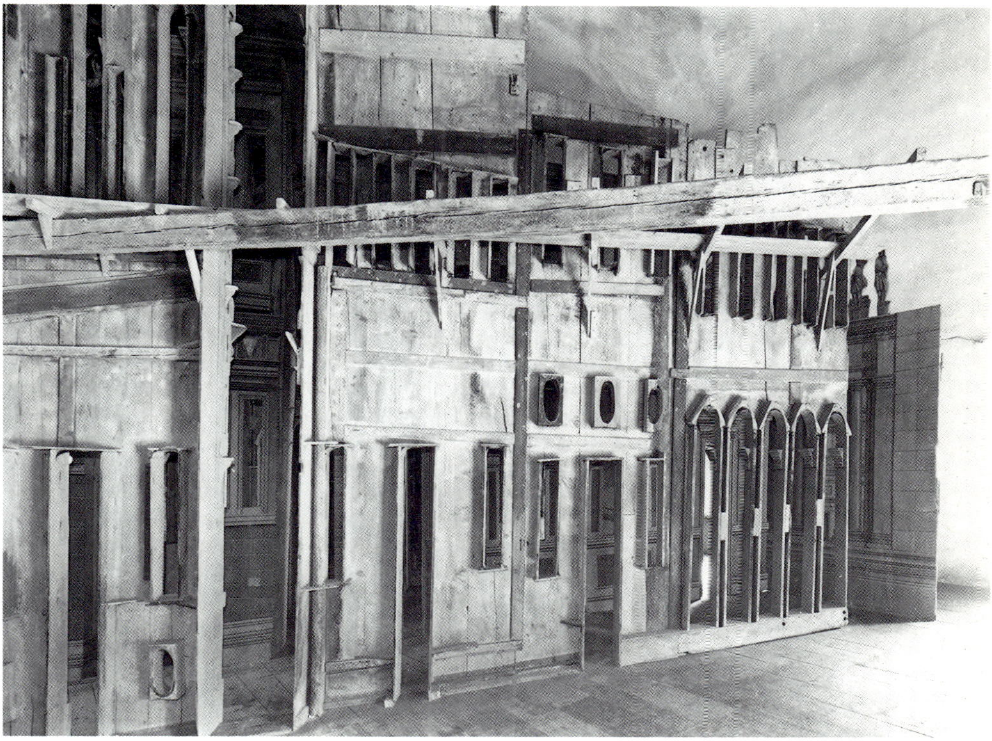

Bühnenbilder Scamozzis, Details der Haken für die Befestigung der gläsernen Talgleuchten.

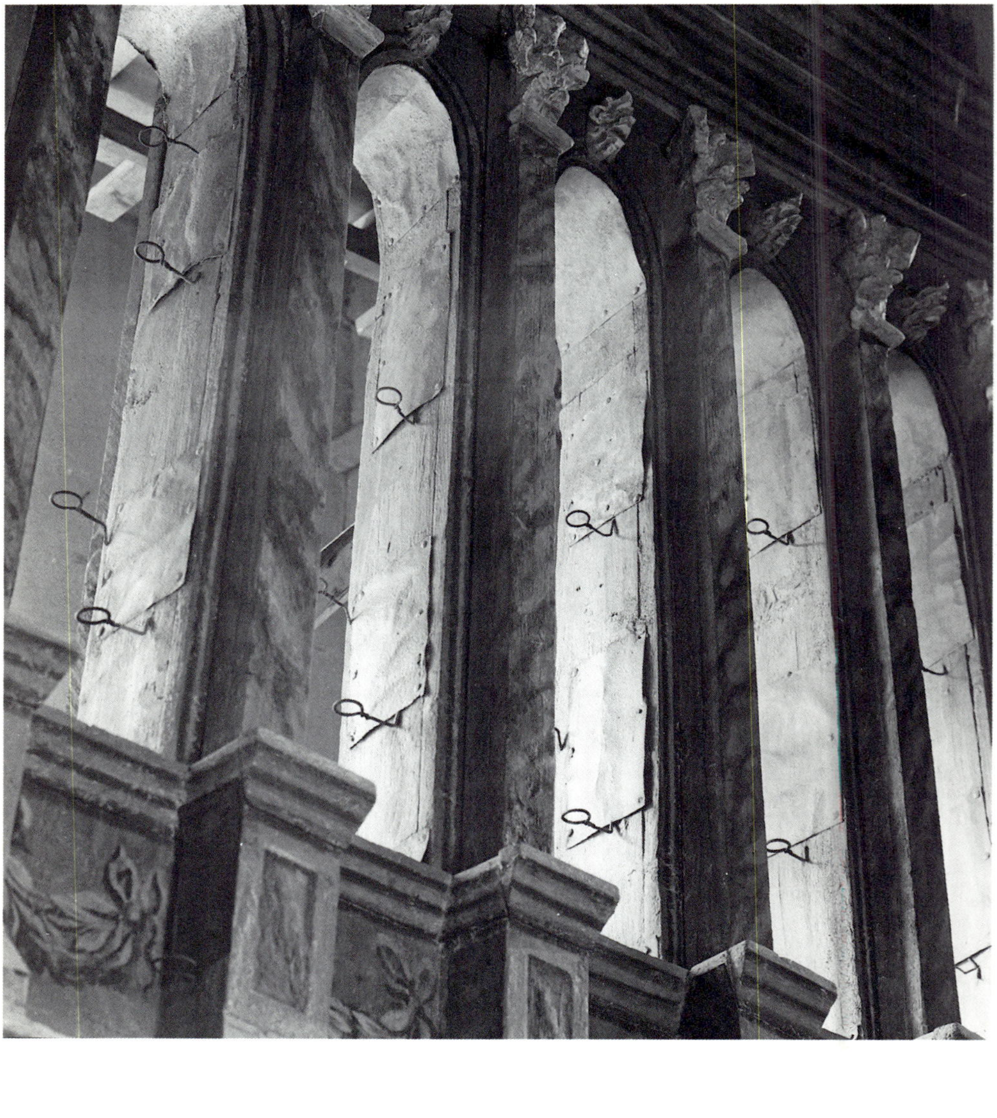

Bühnenbilder Scamozzis, Details der Befestigungsstruktur des künstlichen Himmels an der Mauereinrahmung.

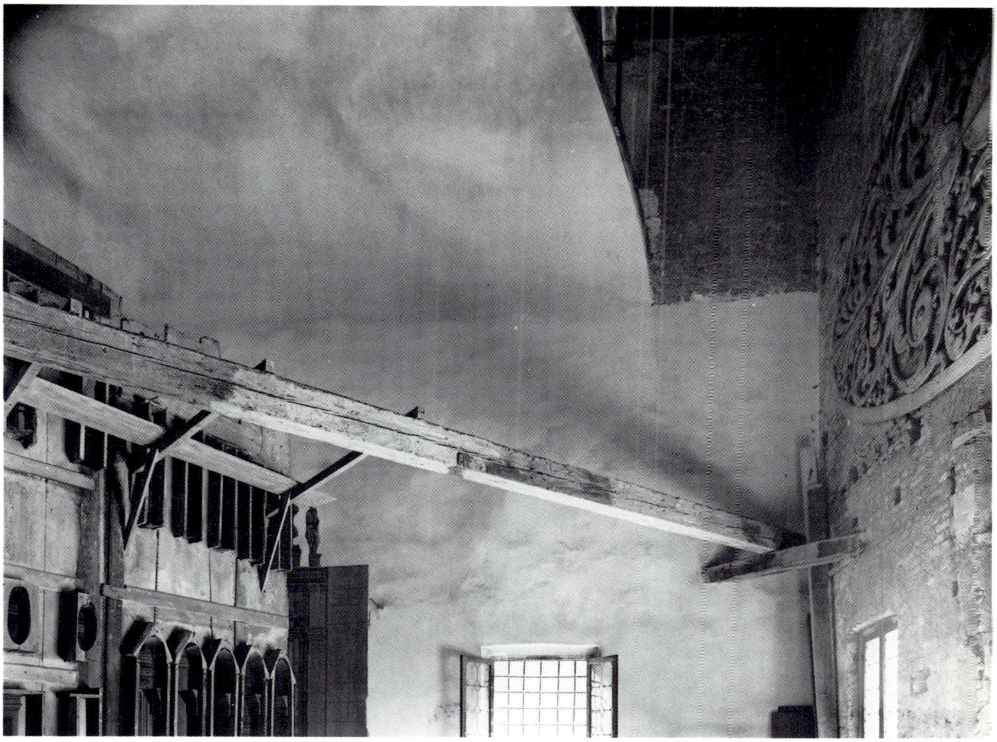

genüber Palladios Entwurf von Scamozzi erweitert, um seinen eigenen Bühnenbildern zu genügen, die er gemäß den neuen und wohlbekannten Anforderungen der Auftraggeber angefertigt hatte.
Über dem Bogen des Mitteltores befinden sich zwei Siegesstatuen und daneben – oberhalb der Widmungstafel, dem Wappen der Stadt Vicenza, seinerseits überragt von dem bereits erwähnten Relief mit der Pferderennbahn — zwei mit Trompeten versehene Ruhmesstatuen.
Die Szenenfront und die Seitenbegrenzungen werden nach oben von einer falschen Attika begrenzt, die in Umrahmungen mit Episoden in Hochrelief aus dem Leben des Herkules, des Schutzhelden der Akademie, gegliedert ist. Von links erkennt man: Herkules löst Atlas beim Tragen der Welt ab; Herkules besiegt den "dreigestaltigen" Geryon; Herkules "zerreißt" Antäus; Herkules erobert den Gürtel der Hippolyta (oder, besser, da ein Zentaur zu sehen ist: Herkules und die von Nessus entführte Dejamyra); Herkules kämpft mit den Zentauren; Herkules tötet Cacus mit der Keule; Herkules erschlägt den Stier Kretas; Herkules bezwingt den dreiköpfigen Hund Zerberus; Herkules nimmt die Hydra von Lerna gefangen.
Die Türen der beiden Seitenbegrenzungen sind mit zwei weiteren von liegenden Flußgottheiten umgebenen Episoden – "Herkules kämpft mit den Stymphalusvögeln" und "Herkules erlegt das Wildschwein von Erymanthos" – vervollständigt.
Die gesamte Szenenfront ist, in einer strengen und wuchtigen Aufteilung, mit den Statuen der Akademiker geschmückt. Die Statuen sind folgendermaßen aufgeteilt: innerhalb von Nischen auf der unteren Ordnung, innerhalb von Nischen und auf vorspringenden Sockeln auf der Höhe des *columnatio* der ersten Ordnung und ausschließlich auf Sokkeln auf der höchsten Attika auf der Höhe des Vorsprungs des laufenden Gebälkes.
Der ursprüngliche Entwurf Palladios, nach dem die Statuen der Ehrenbürger der Akademie mit plastischen Darstellungen der Tugenden abgewechselt werden sollten, wurde für eine einheitliche und ausschließliche Lösung im Sinne einer Zelebration des gesamten "Akademiekörpers" verworfen.
Im April des Jahres 1582 wurde beschlossen, daß die bereits ausgeführten weiblichen Statuen "in die Gestalten von Männern mit den Gewändern und Waffen der Antike umgeändert" werden sollten: für die älteren Akademiker das kurulische Gewand und für die jüngeren die Bekleidung und die Ausrüstung von Kriegern. Die ursprüngliche Entscheidung, neben dem abgebildeten Akademiker "die Rüstung" (d. h. das Wappen) "und das Unternehmen" darzustellen, wurde zu Gunsten des "Namen und Nachnamen mit dem Namen des Vaters" weise verworfen.
Jedoch lediglich vierzehn von insgesamt zweiundvierzig Statuen sind auf deren Sockel mit dem Namen des Abgebildeten und jenem des Vaters versehen. Trotzdem können einige andere Persönlichkeiten identifiziert werden, ohne allerdings die Zahl von einundzwanzig zum Zeitpunkt der Erbauung des Theaters vorhandenen Akademikern erreichen zu können. Zu diesen müßten wiederum jedoch die neuen Auserwählten hinzugezählt werden, die im Laufe der vierjährigen Fertigstellung des Gebäudes als Nachfolger auf die jeweils Verstorbenen in die Akademie aufgenommen wurden.
Die traditionellen Zuschreibungen der Skulpturen des 16. Jh.s des Teatro Olimpico auf Ruggero Bescapé, Cristoforo Milanese, Domenico Fontana, Agostino Rubini, Agostino Caneva und einen gewissen Meister Iseppo finden eine eindeutige Bestätigung lediglich für den ersten dieser Namen, der auf dem Sockel des Obeliskes der Perderennbahn in dem zentralen Rechteck der Szenenfront sichtbar angebracht ist.
Die kürzlich fertiggestellte Restaurierung hat verschiedene Abkürzungen ans Licht gebracht, die die hierfür Verantwortlichen befähigen werden, einige stichhaltige Punkte in das verworrene Geflecht der Erschaffung der Statuen, die selbstverständlich von verschiedenen Künstlern ausgeführt wurden, zu bringen.[30]
Neben den drei Öffnungen in der Szenenfront existieren die Perspektiven, die von Vincenzo Scamozzi hinzugefügt wurden. Diese bestehen aus den festen und unveränderbaren Bühnenbildern, die für die erste Aufführung des *König Ödipus* dienten. Sie stellen die sieben Straßen Thebens dar, von denen drei von der Königspforte, zwei von den beiden *hospitalia* und weitere zwei von den beiden Pforten der Seitenbegrenzungen ausgehen.

Bühnenbilder Scamozzis, Detail des Abschlusses der Königsstraße.

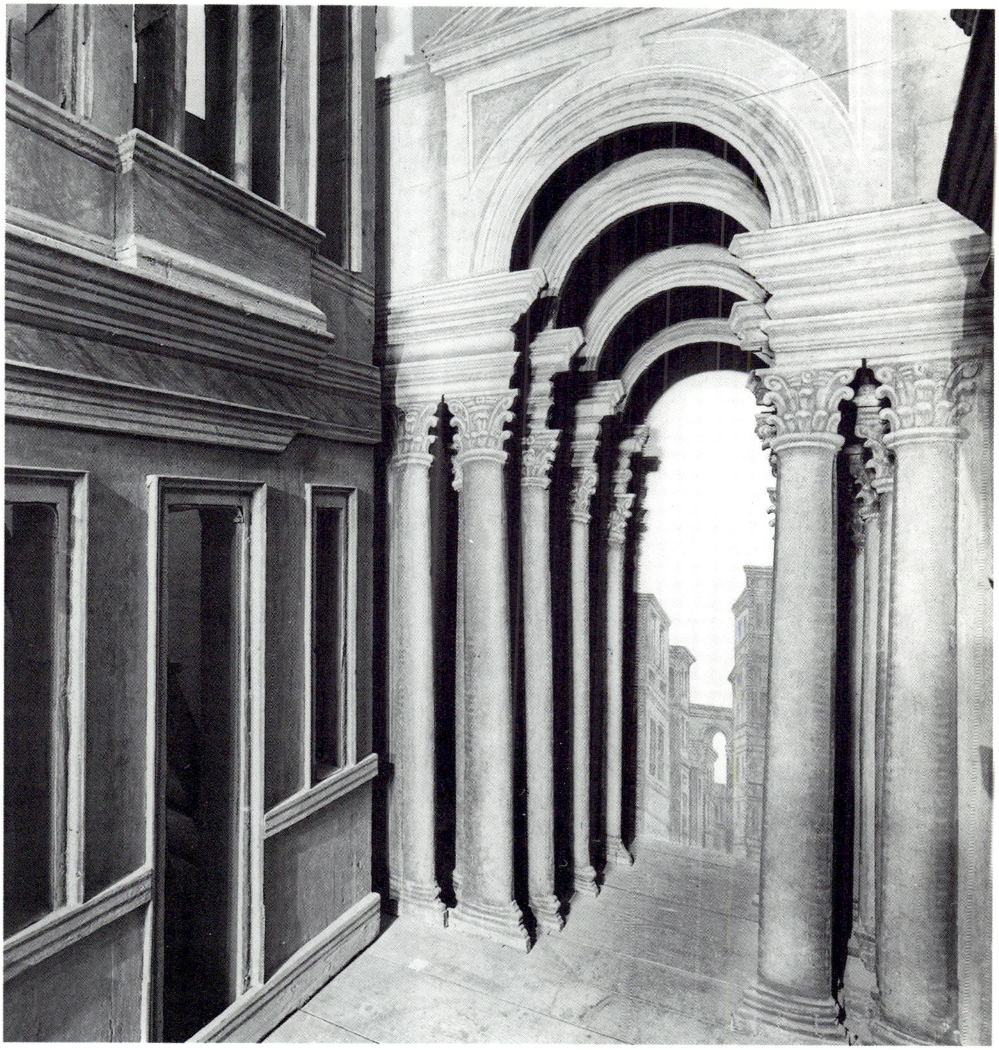

Die zentrale, sogenannte Königsstraße ist, wie auch die anderen, mit Holzfliesen ausgekleidet und steigt, wegen der Anforderungen der Perspektive, steil an – bei einer Entwicklung von nur zwölf Metern, obwohl die Tiefe wegen der Perspektive weitaus größer erscheint. Um diese erschaffen zu können, war, wie man sich erinnern wird, die Bewilligung eines weiteren Stückes öffentlichen Bodens durch die Gemeinde notwendig. Sie wurde in der absisförmigen "Addierung" untergebracht, die von außen, von dem Garten aus klar ersichtlich ist. Mit ihrer Anordnung von Westen nach Osten bildet die Königsstraße die hypothetische Verlängerung der zehnten Legionsstraße der römischen Stadt Vicenza, die hier dank der Aufeinanderfolge von klassischen Gebäuden perfekt wiedergegeben war.

Die Bühnenbilder aus bemaltem Holz mit Gipsstatuen, eingetauchten Tüchern und Stuck bilden somit durch feine perspektivische Illusionen die Fluchten von Tempeln, Palästen und Häusern entlang der Straßen. Sie erinnern weniger an eine antike Stadt, sondern eher an die "ideale" Stadt des Rinascimento und verbinden sich mit dem Zauber des ausschnitthaft wiedergegebenen urbanen Ambientes Vicenzas – ganz "entsprechend der nachahmenden und realistischen Tendenz der zeitgenössischen Bühnenbildkunst".[31]

In den Türen und Fenster vortäuschenden Öffnungen sind Haken und vor allem kleine Simse mit einem dahinter befindlichen Schutzschild aus Blech angebracht, die für die Beleuchtung der ersten Aufführungen dienen sollten. Insbesondere auf den Simsen wurden Talgleuchten und Flaschen mit gefärbtem Wasser installiert, durch die flackernde Spiegelungen geschaffen wurden.[32]

Im Hintergrund offenbaren die hölzernen Bühnenbilder in der Vergänglichkeit des Materials und der Knappheit der Ausführung die gesamte Künstlichkeit und ihren fiktiven Charakter – als wären sie das ärmliche Material einer Gruppe von Gauklern, das für eine vorübergehende Aufführung von einem umherfahrenden Thespiskarren abgeladen wurde. Der Raum für die Bühnenbilder war von Anfang an von einem künstlichen, mit Wolken bemalten Himmel bedeckt. Die Kalotte endet an der südlichen Seite jenseits der von der rechten Frontaltür ausgehenden Straße und gibt hier den Blick frei für das grobe Dachbindergerüst des Theaters. Der Kontrast zwischen der abrupt endenden Täuschung der Bühnenbilder und der knappen und rauhen Realität des Daches und der Mauern entspricht vollkommen der Natur eines jeden Theatergebäudes.

Die Grenzen des vorliegenden Führers liegen – hier, wie im folgenden Abschnitt – in der Notwendigkeit, eine "totale" Erfahrung, die unerläßlich wäre, um das Meisterwerk von Andrea Palladio und Vicenzo Scamozzi vollkommen zu verstehen, durch Worte ersetzen zu müssen, denn die Besichtigung des Proszeniums und der Bühnenbilder wird den Besuchern und den Zuschauern aus Gründen der Bewahrung versagt.[33]

Wie bereits gesagt, erfolgte der ursprüngliche Zugang für die Besucher und die Zuschauer über die an der Spitze der Cavea befindlichen Logen.
Sobald man aus dem Halbdunkel des eckigen Logenraumes hervortrat, ließen die Säulen der Logen langsam die Gesamterscheinung des Teatro Olimpico von oben her erkennen, über eine indirekte und vermittelte Annäherung, die eine seitliche und perspektivisch verkürzte Ansicht zuließ – für das architektonische "Gesamtverständnis" optimal. Eine vollkommen andere als die durch den heutigen Eingang mögliche Ansicht, die ein unvermitteltes, verborgenes, tangierendes und sektorielles Erleben von unten aus aufdringt.
Wie bereits angedeutet ist das Teatro Olimpico nicht nur ein künstlerisches Meisterwerk, sondern zur gleichen Zeit ein großes kulturelles und soziales Phänomen, das wie ein Prisma unter dem Auge einer kritischen Interpretation hin- und hergedreht werden muß, da es nur einige seiner Seiten gleichzeitig zu zeigen vermag.
Der Zugang zum Theater muß daher eine graduelle Erkenntnis des Raumes vorraussetzen – wie eine langsame Gewöhnung, die erst später die Errungenschaft einer partiellen axialen Ansicht mit der Betrachtung der perspektivischen Bühnenbilder in deren Gesamtheit, wobei man dem vollen zentralen Sektor mit der Exedra den Rücken kehrt, zuläßt.[34]
Eine derartige Erfahrung wird zur Folge haben, daß man nicht vergißt, daß dieses Theater – aus den oben genannten Gründen – kein "Außen", keine Außenansicht hat; sondern wahrnimmt, daß sein aus weitaus früherer Zeit stammendes Äußeres lediglich eine nackte und schmucklose Mauerwand ist, die ausschließlich dazu dient, den wertvollen Inhalt einer Architektur zu verbergen und zu beschützen, die ihrerseits in ihrem Inneren ein Äußeres vortäuscht.
Es ist bekannt, welche grundlegende und ausschlaggebende Rolle die früheren Theatererfahrungen Palladios – die immer auf Innenräume bezogen waren – bei dem Entwurf des Teatro Olimpico spielten. In diesem Fall jedoch hat sich die architektonische Maschine derart ausgedehnt, daß sie bis an die Außenwände des Behälterraumes angewachsen ist. Der poetische Ansatz Palladios im Falle dieses Gebäudes zeigt sich auch in dem Geschick, den Behälter zu verschweigen, ohne ihn jedoch zu vergessen, sodaß dieser an den Eckpunkten und an den Seitenflächen hervortreten und seine Anwesenheit spürbar machen kann.
Auch die Außenwelt der Stadt, der Menschen und der Natur ist nie vollkommen aus dem Teatro Olimpico ausgeschlossen, sondern macht sich in jedem Moment des Tages und der Nacht bemerkbar und dringt in Form von Licht und Geräuschen ein.
Einer der Gründe der eifersüchtigen Reserviertheit dieses Theaters besteht in der Tatsache, daß es trotz allem ein privates Theater war, das Theater der akademischen Vereinigung, der Schöpferin einer Errungenschaft und eines Gutes, das nur mit ihrem Zuspruch auf andere ausgeweitet werden konnte.
Noch heute wird der Besucher des Teatro Olimpico von einer immer neuen Faszination sowie von dem Gefühl erfaßt, wie ein auserwählter Geladener in ein exklusives Ambiente einzutreten.
Es läßt sich nicht leugnen, daß bei einem Eintritt durch eine zentrale Achse des Theaters die Aufmerksamkeit, abgesehen vom Gesamteindruck, vorwiegend von den Bühnenbildern Scamozzis und weniger durch die Architektur Palladios in Anspruch genommen wird.
Zur Diskussion steht hier nicht die Gewandtheit Vicenzo Scamozzis, sich in das Räderwerk Palladios einzureihen, und zwar mit neuen Resultaten, die oft die von dem älteren Künstler gesetzten Werte umkehrten.
Es ist nicht zu bestreiten, daß die Perspektiven Scamozzis die Aufmerksamkeit monopolisieren und den Besucher immer wieder in ihren wundersamen Bann reißen. Denn der Besucher und der Zuschauer wissen, daß sie, ebenso wie der Schauspieler, dort nie sein können. Es sei denn durch die Demaskierung dieser großartigen Künstlichkeit, dieser Konvention: durch das Löschen der Verzauberung einer nur von ferne zu betrachtenden, von Menschen regelrecht unbetretbaren Vorrichtung. Denn hierbei handelt es sich sowohl um die Theorie der Perspektive als solcher als auch um die unmittelbare, experimentierende Umsetzung derselben Theorie.[35]
Genau hierin liegt die metaphysische und verfremdende Komponente der Bühnenbilder

Bühnenbilder Scamozzis, Details.

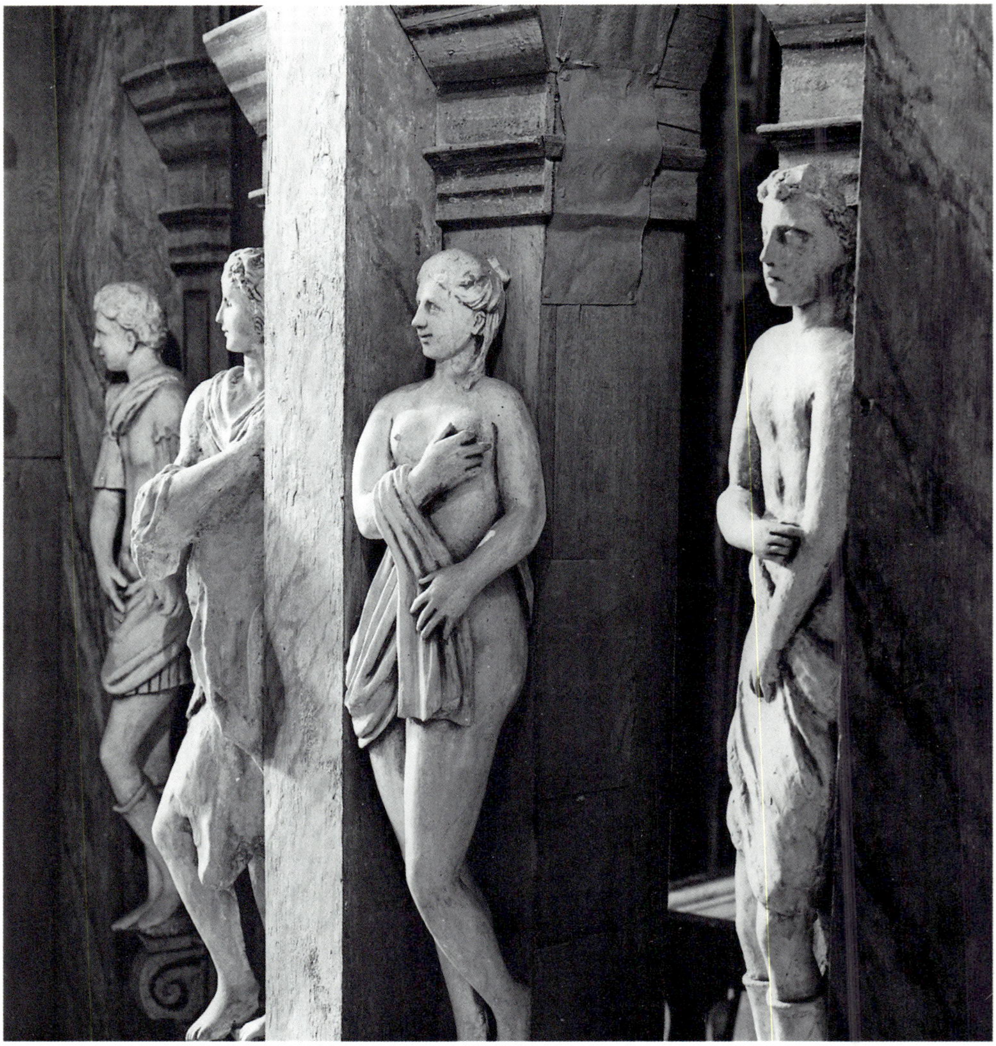

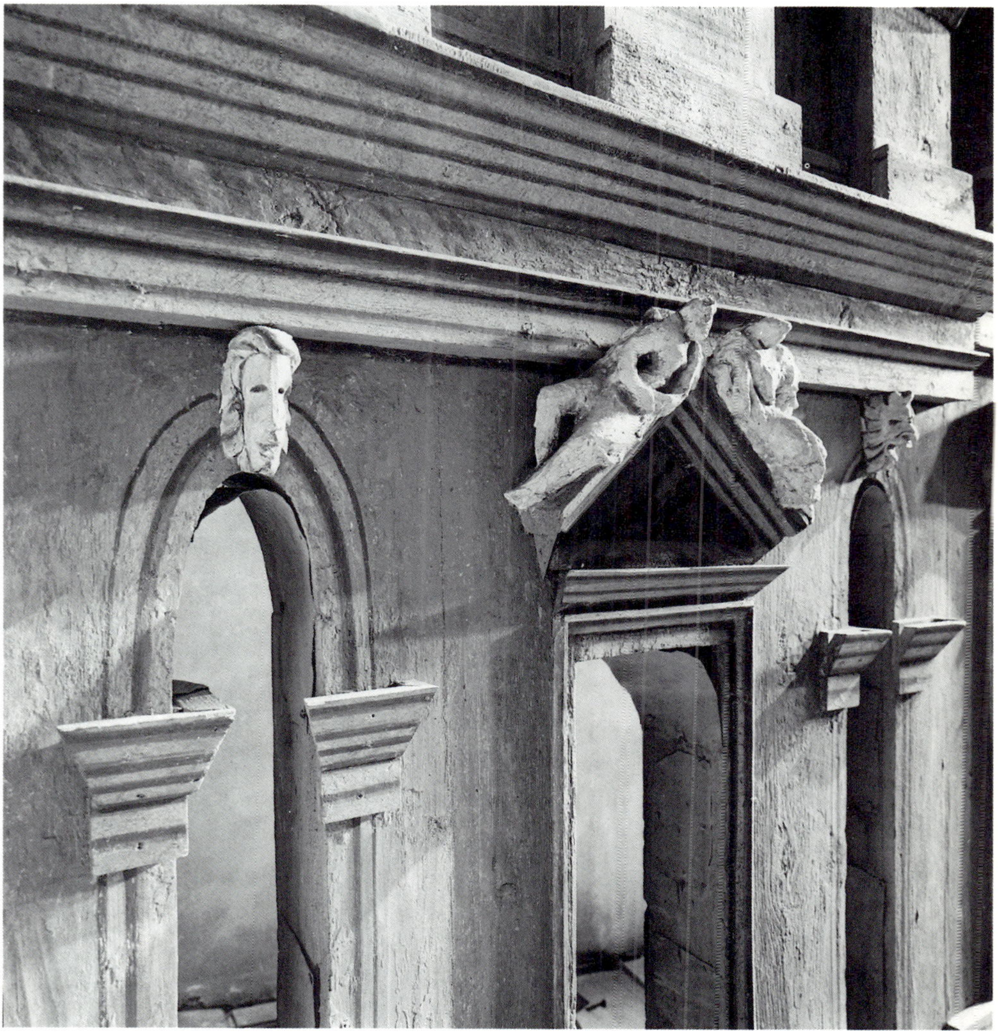

Bühnenbilder Scamozzis, Details.

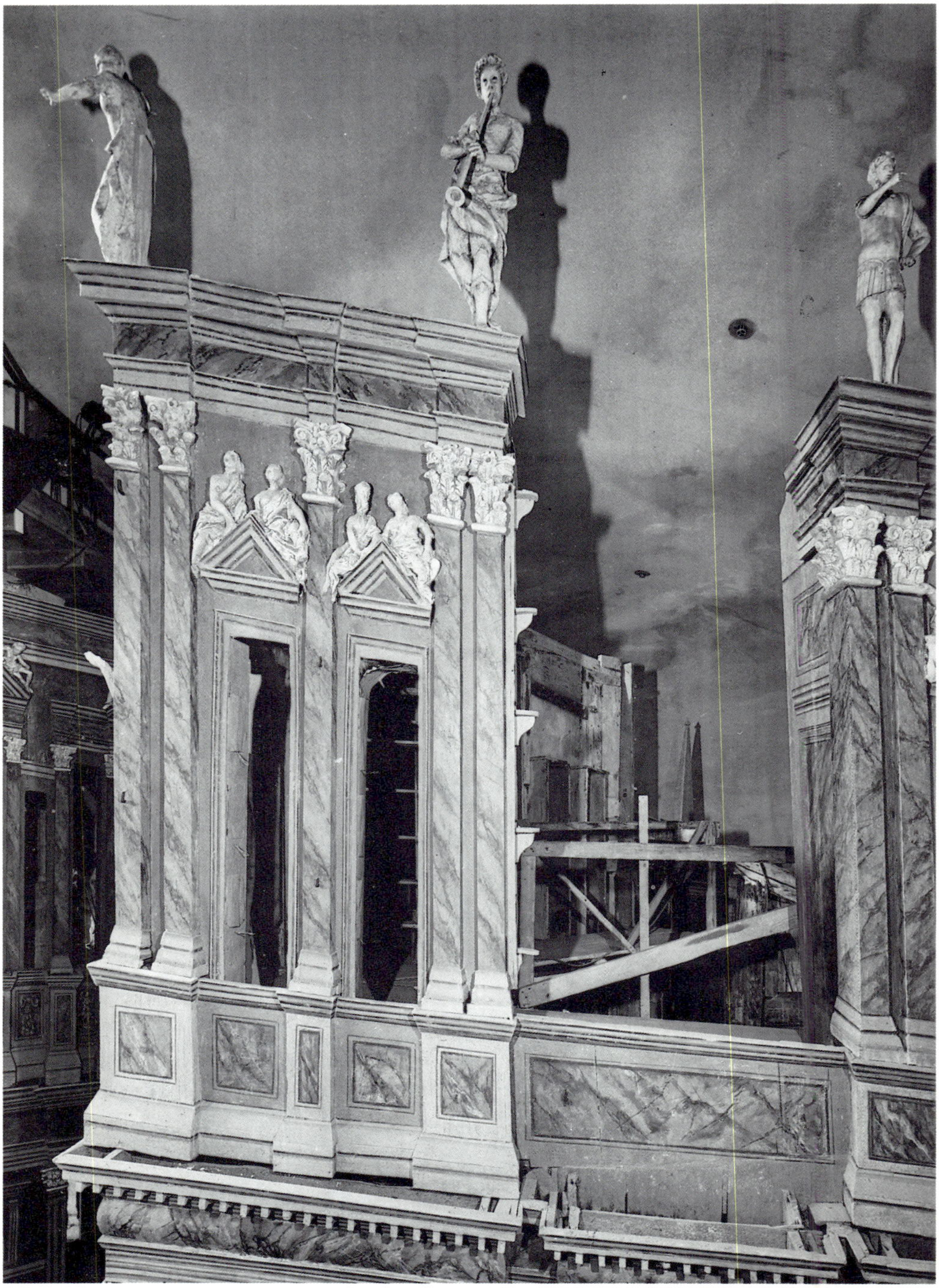

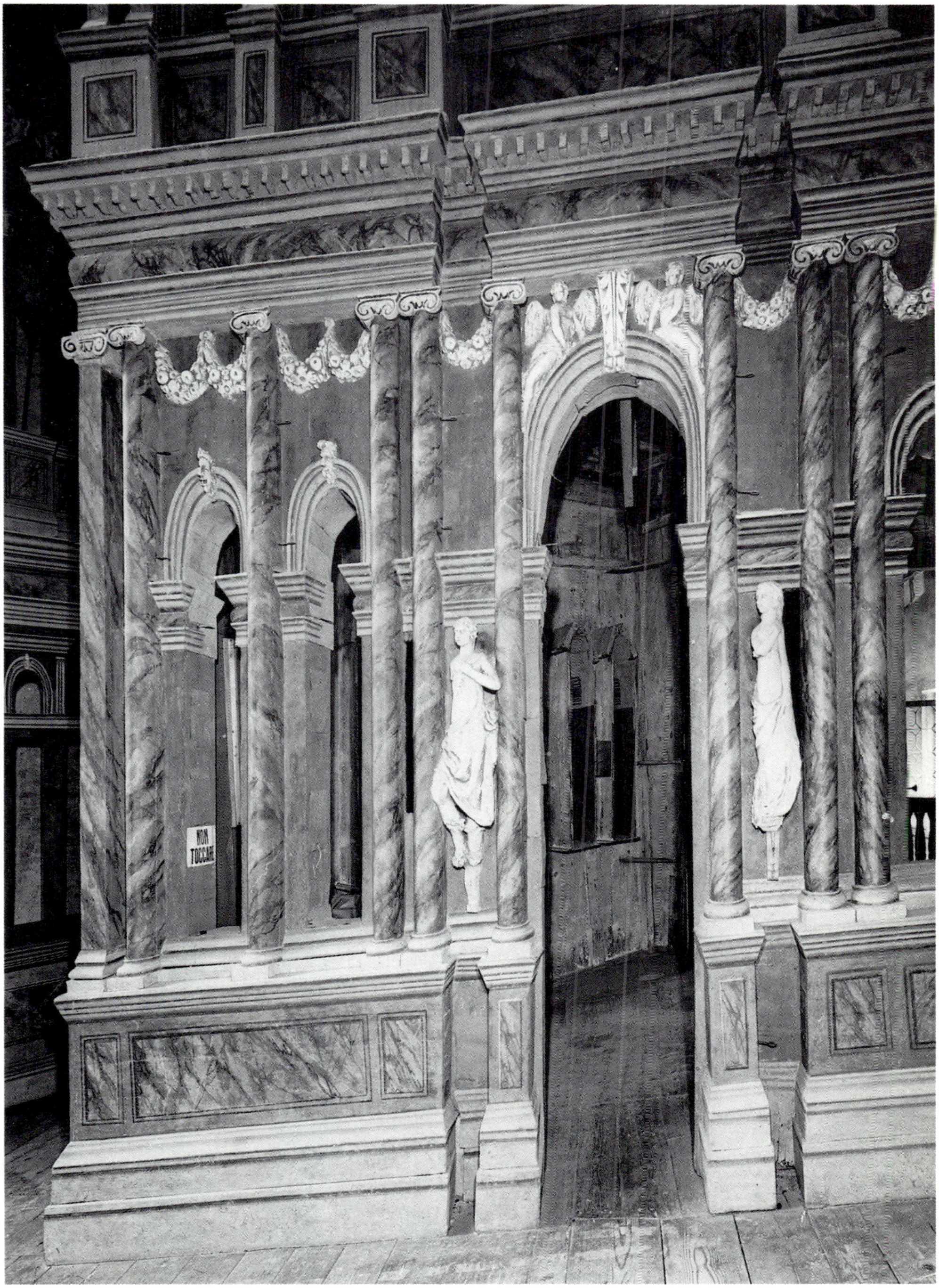
NON
TOCCARE

des Teatro Olimpico, die uns eine regelrechte Stadt mit der Regelmäßigkeit ihrer Straßen und der Vollständigkeit ihrer Palazzi präsentieren: das Vicenza des Cinquecento, das uns nur in der Täuschung eines Theaters, nur in Holz und Stuck in dessen viel gerühmter Perfektion erscheint, in der damaligen Realität jedoch nie erreicht wurde.[36]
Durch das neue Konzept der Bühnenbilder Scamozzis, die den Betrachter "woanders" hin ziehen, reduziert sich die Szenenfront in eine Trennwand und ein Hindernis zwischen Proszenium (und natürlich der Cavea) und dem Bühnenhintergrund, mit der vorwiegenden Funktion der Zurschaustellung gegenüber der Bewunderung der Zuschauer.[37]
Diese Trennung zeichnet den Abgrund zwischen zwei Welten: zwischen der mythischen, auf die Rückgewinnung der verlorengegangenen Werte der Klassik gerichtete Poesie Palladios und der wissenschaftlichen und szientifischen, allein auf die Erwerbung experimenteller Errungenschaften ausgerichteten Prosa Scamozzis.
Trotz allem ermöglicht die Bühnenfront in ihrer Unbeweglichkeit eine doppelte Aufführung in der Kombination mit dem Proszenium, auf dem dagegen die verschiedensten Theateraufführungen stattfinden können: Das immerwährende und unveränderte Schauspiel der festlich gekleideten Heldenstatuen und die vorübergehende und transeunte Aufführung der jeweiligen Inszenierungen mit ihren Schauspielern in Fleisch und Blut, die die Realität in eine ideelle und darstellende Dimension verklären.
Gegenüber sitzen, in unmittelbarer Nähe, die Zuschauer oder die Besucher auf der Kaskade der Cavea – jenseits der neutralen Gegenwart des Orchesters, das die Aufgabe hat, die Töne aus einer undefinierten Dimension hervortreten zu lassen.
Dies ist die Welt der Realität, der Alltäglichkeit, der Veränderlichkeit und des Lebens: die Welt der Geladenen und der Teilnehmer, die wirklichen Bewohner einer "Stadt", der diese den Rücken gekehrt haben, um sie nur in ihrer darstellenden Dimension, als Fiktion zu betrachten.[38]
Genau hier kann das "Universum" des Teatro Olimpico seine gesamte Doppelnatur als Denkmal *und* Theater zum Ausdruck bringen. Wie bereits erwähnt ist es notwendig, beide Aspekte dieser doppelten Natur zu erfahren, um das Meisterwerk als Ganzes verstehen zu können.
Die Behauptung, das Teatro Olimpico inszeniere auch ohne Aufführungen, ist richtig. In der Tat führen die Statuen der Bühnenfront bei natürlichem Tageslicht ein immerwährendes und dem Besucher sich aufdrängendes Schauspiel auf: die verzweifelte Aufführung einer Gesellschaft, die die Symptome des Endes einer Epoche verspürt und fürchtet, daß es ihr eigenes Ende sein könnte, und sich selbst in Stein mumifiziert, um dem Tod zu entrinnen und ihm zu trotzen.
Daher haben jene ohne weiteres Recht, die der Meinung sind, daß es nicht notwendig sei, Tragödien aufzuführen, da das Teatro Olimpico selbst eine tragische Architektur ist.[39]
Und dies ist tatsächlich der Fall, denn die gesamte Architektur besteht aus nicht dauerhaftem, zerbrechlichem Material, als wolle es die Anmaßung jedes Erfolgsstrebens beschränken.[40]
Während des Entwurfes der Bühnenfront und des gesamten Theaters dachte Palladio vor allem an das Teatro di Berga in Vicenza: Hier steht an Stelle der Familie des Julius-Claudius die zeitgenössische und zukünftige "Familie" der Akademie in ihrer Gesamtheit als Garant, Vermittler und Verteiler der Wissenschaft, Kultur und Kunst für die Stadt Vicenza.
Von dem antiken Theater waren nur unbrauchbare Trümmer und Steine übriggeblieben: von demselben konnte man, in gewissenhafter Demut gegenüber dem Lauf der Geschichte, lediglich eine ideelle Neugestaltung über die feingestaltete Phantasie des Holzes und des Stuckes übernehmen. Durch einen Scherz des Schicksals und als Belohnung der Intelligenz konnte das Teatro Olimpico während vier Jahrhunderten bestehen (und besteht noch heute!) – die gleiche Zeitspanne, während der das Teatro di Berga seine Funktion ausübte. Denn gerade die Zerbrechlichkeit des Teatro Olimpico macht dessen Stärke aus: seine Unzulänglichkeit gegenüber allen später entwickelten Vorstellungen vom Wesen des Theaters, die es vor dem Ruin bewahrt und jedermann während einer langen Zeit dazu bewogen haben, es zu respektieren, so wie es war – mit seinen unveränderbaren, festen Bühnenbildern während der gesamten Aufführung. Gegenüber jeder Voraussicht

Bühnenbilder Scamozzis, Detail.

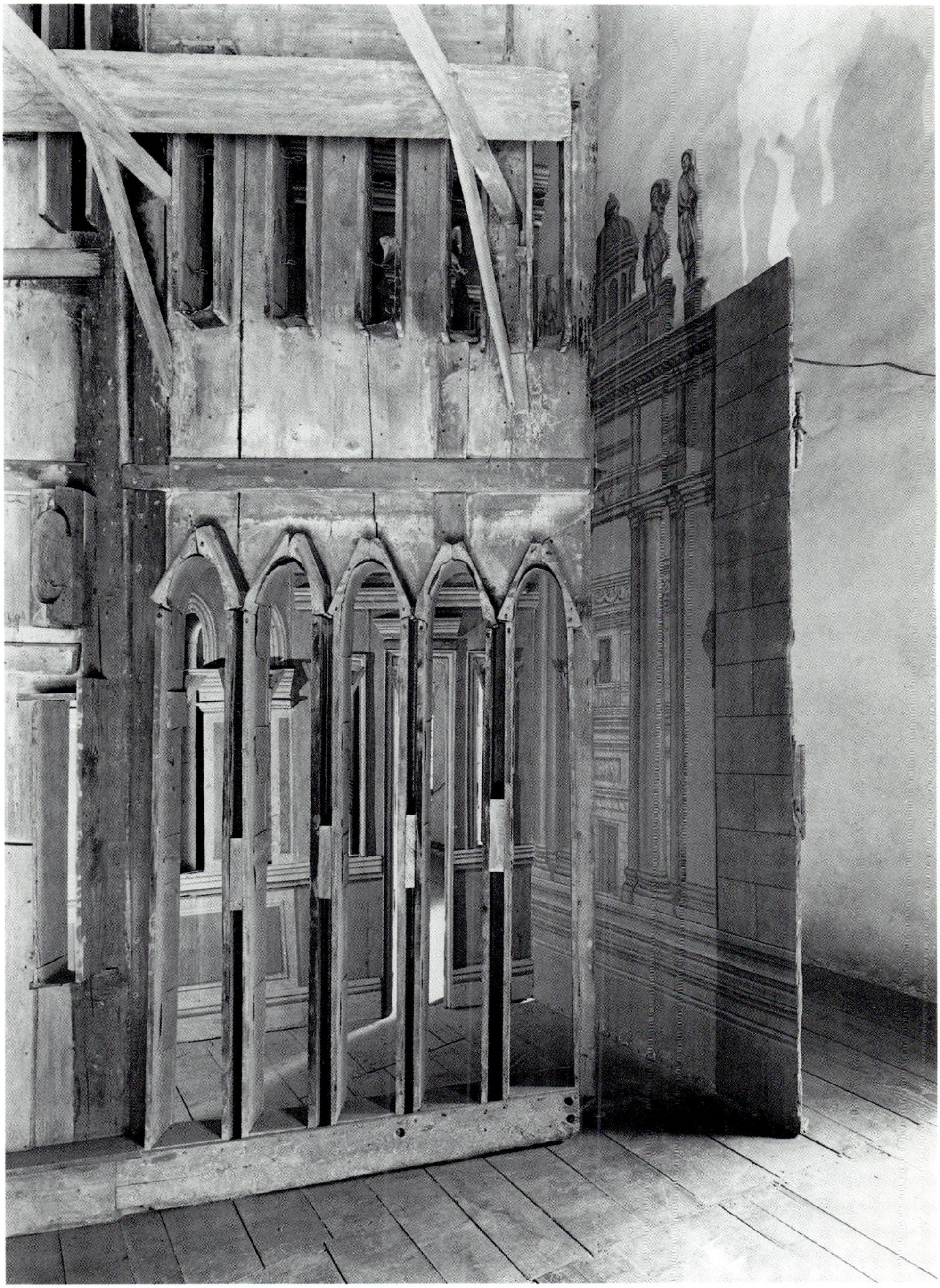

Bühnenbilder Scamozzis, Details der Befestigungsstruktur des künstlichen Himmels an der Mauereinrahmung.

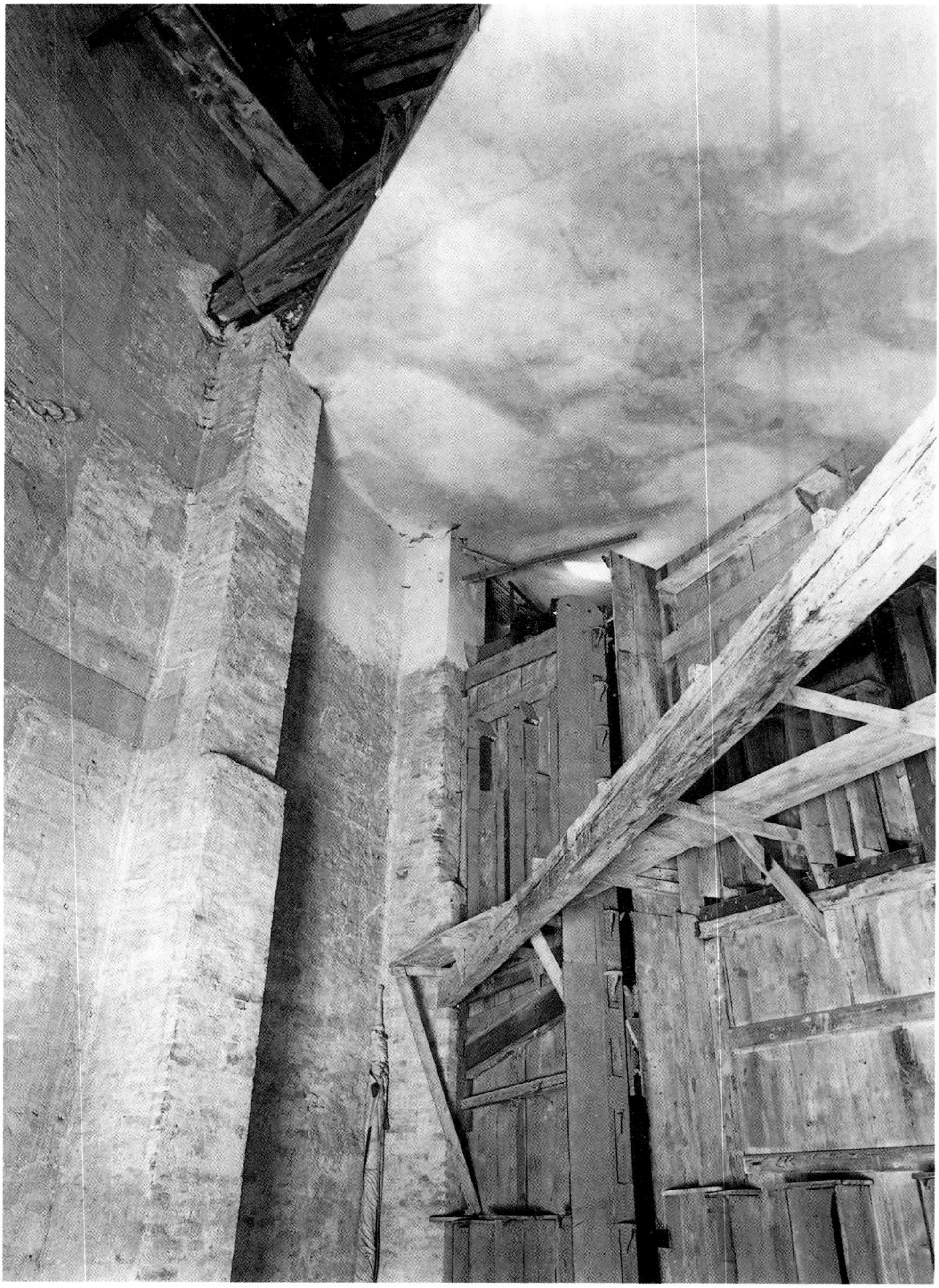

Südliche Diensttreppe hinter dem Proszenium und den Bühnenbildern.

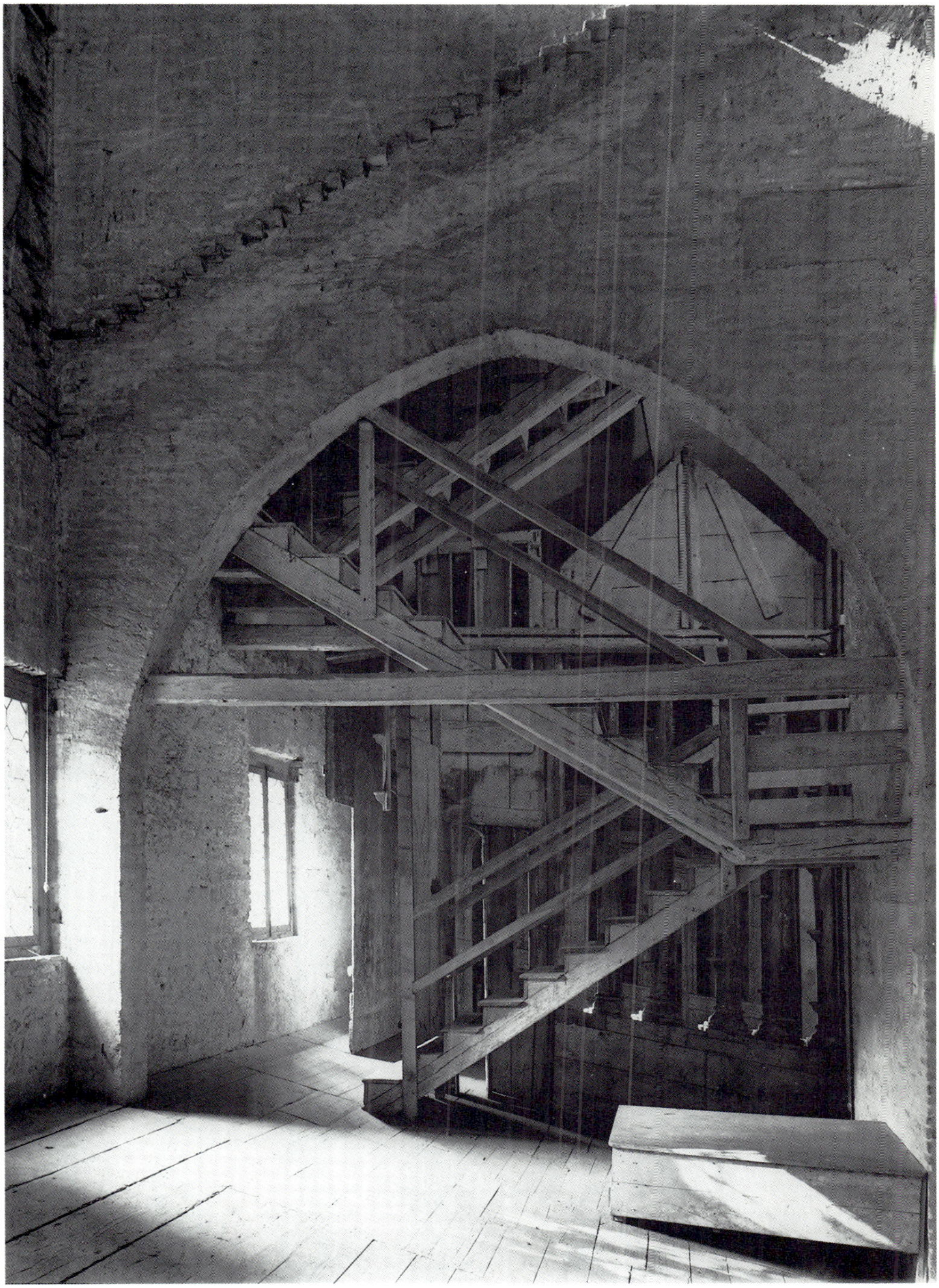

Bühnenbilder Scamozzis, Details.

68

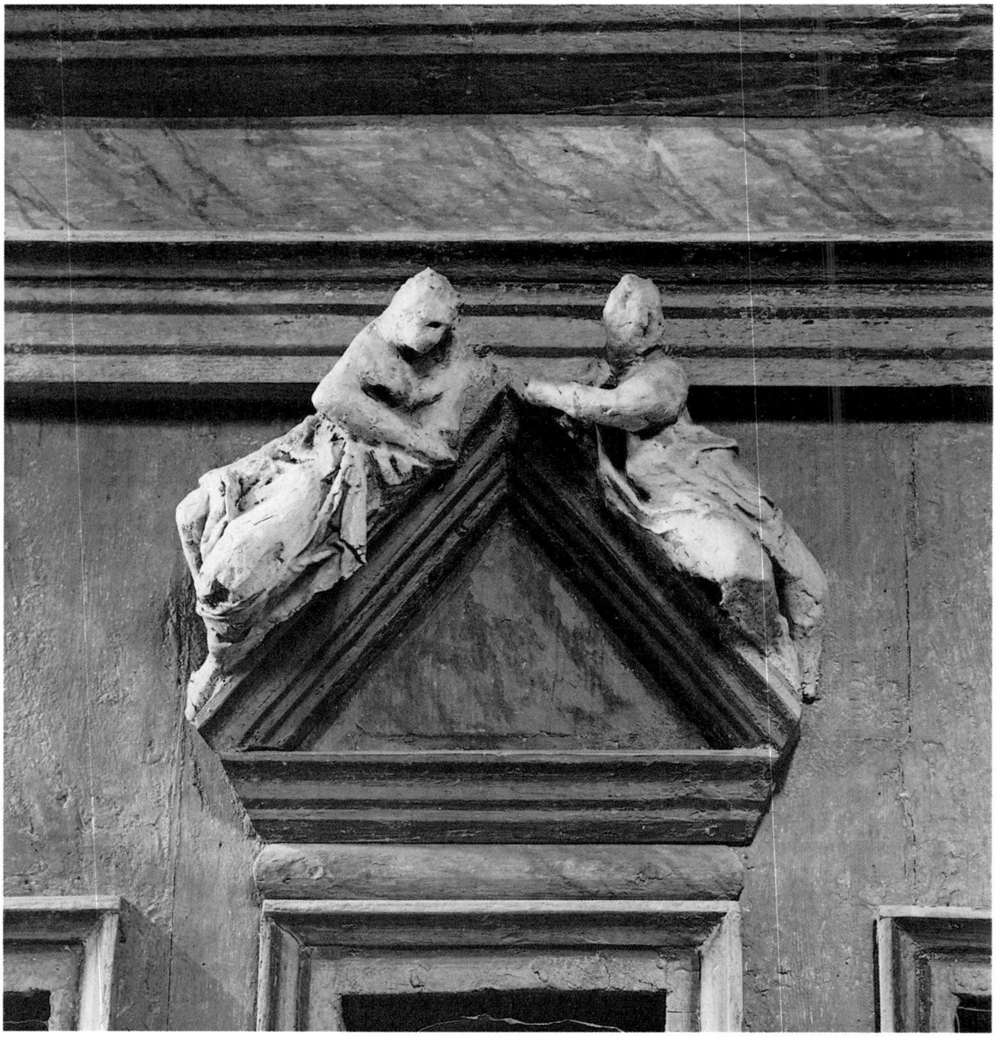

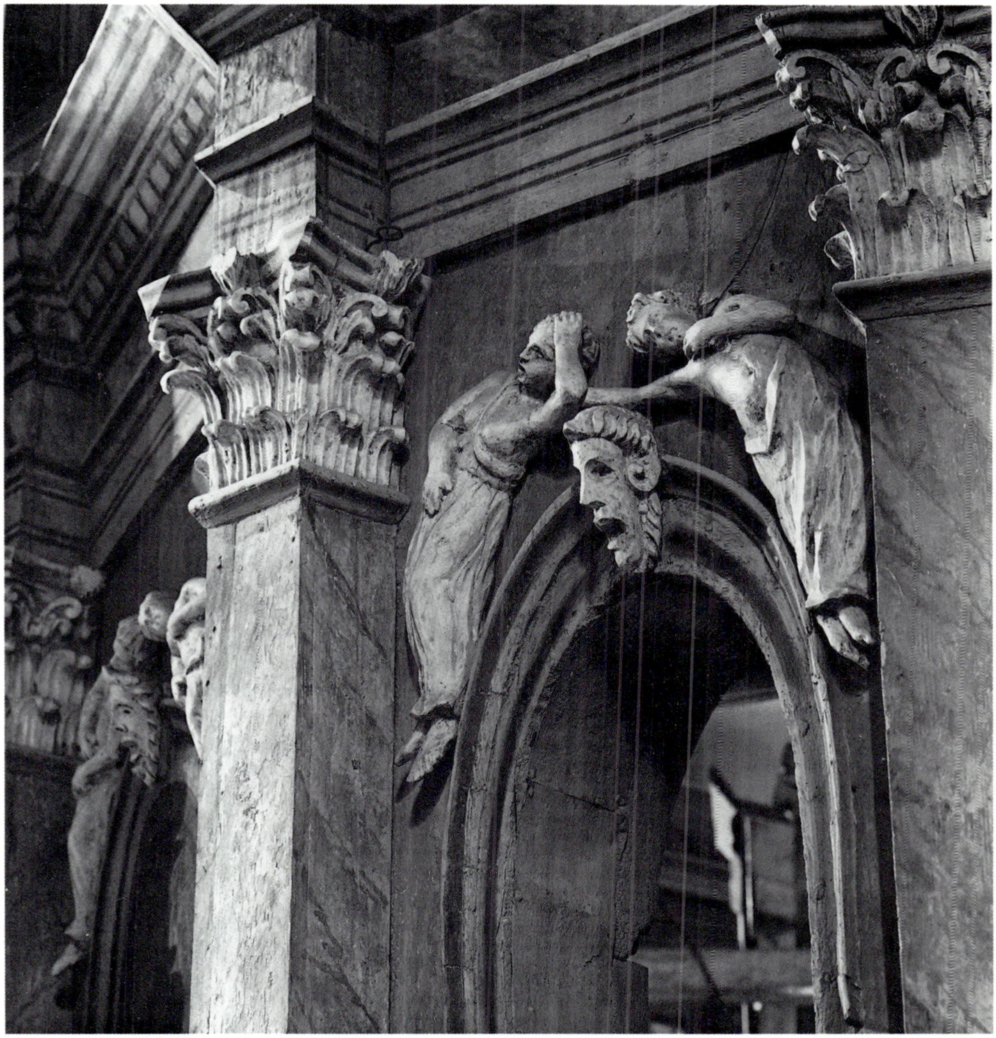

wurde es dermaßen herrlich (fast zu herrlich!), daß es für die Ewigkeit herrlich bleiben mußte.[11] Doch gleichzeitig derart anachronistisch, daß es nur der Stadt Vicenza herrlich erscheinen konnte, die zu einem bestimmten Zeitpunkt ihrer Geschichte begriffen hatte, daß die einzige Zukunft des Teatro Olimpico in seiner Vergangenheit zu finden war. In der Tat ließ sich seit dem 17. Jh. kein einziger Theaterbau durch das Teatro Olimpico inspirieren. Und aus diesem Grund wurde es seiner Unnachahmbarkeit überlassen.

All dies sehen und verstehen die Besucher und Zuschauer jedesmal, wenn sie sich auf den Rängen der Cavea befinden. Doch sie empfinden sich als die vorherrschende Komponente des Theaters, obwohl sie kaum ein Drittel dessen Oberfläche einnehmen. Was sie nicht verstehen, sondern nur ahnen können, ist, daß sie selbst inszeniert werden – als das eigentliche, wahre Szenarium des Teatro Olimpico. Innerhalb dieser Bucht – innerhalb dieser unbestimmten Leere, die bereit ist, von den Zuschauern besetzt zu werden und ihre Funktion und Bestimmung aufs beste zu erfüllen – sind die Teilnehmer, als Vertreter einer privilegierten Bevölkerung, dazu auserkoren, die Rolle des Publikums des Teatro Olimpico zu spielen und hierdurch zu den Nebendarstellern einer "totalen" Inszenierung zu werden, deren Garantie und "Verdichtung" in einem das Theater selbst ist.[12]

In diesem Sinne ist das Teatro Olimpico ein doppeltes Theater, da es ein doppeltes Ereignis bietet: das imaginäre des Proszeniums mit der Bühnenfront und den Bühnenbildern und das reale der Zuschauer. Die einzige Möglichkeit, dieses Erlebnis tatsächlich zu erfahren, liegt darin, sich auf das Proszenium zu begeben – im Hintergrund die Schlucht mit den Statuen der stummen Schauspieler und vor sich die abnehmende Stufenreihe mit den lebenden "Personen"; hinter diesen wiederum die dimensionale Entsprechung weiterer Statuen (jene der Exedra), die den Lebenden einen ständigen Vergleich mit ihrer heldenhaften Berufung als Interpreten eines höheren Schicksals auferlegen.

Dank eines der in der Kunst Palladios nicht seltenen Effekte wird jener Glückliche, der die Cavea verlassen hat und das Proszenium betreten durfte, eine Umkehrung der fernrohrartigen Ansicht feststellen können. Auf die gleiche Weise, wie das Proszenium und die Bühnenbilder von den Stufenreihen der Zuschauer her blickend weit entfernt erscheinen – da der Welt der Einbildung und des Traumes angehörend –, wirken die Stufenreihen und die Exedra vom Proszenium aus gesehen äußerst nah und unmittelbar. Genau hierin liegt der Ursprung der Angst jener, die als Schauspieler auf die Bühne des Teatro Olimpico gerufen werden und sich von den Augen all derer, die zugleich Individuen und Teil einer unbestimmten Menschenmenge sind, als gefangen empfinden. Denn im Gegensatz zu jedem anderen Theater wird hier das Publikum als eine Gesamtheit wahrgenommen – ein Publikum, das sich auf eine Fläche verteilt, auf der es die Gewißheit hat, daß es nicht nur Platz nimmt, um zu sehen, sondern um gesehen zu werden. Das Teatro Olimpico ist ein Theater, in dem der Zeitbegriff der Zuschauer und jener der Aufführung übereinstimmen – in einer höchst gelungenen Realisierung und Synthese der drei aristothelischen Einheiten des antiken Theaters.[13]

Während einer Inszenierung kann in dieser Cavea (in diesem Käfig!) niemand aufstehen und gehen, ohne das gesamte "Ereignis" durcheinanderzubringen, denn jeder ist hier Schauspieler und muß an seiner Stelle verweilen und bis zum Ende der Aufführung seine Rolle akzeptieren.

Der eigentliche Traum des Teatro Olimpico ist es, jederzeit, mit oder ohne Zuhörer, etwas anderes heraufzubeschwören, obwohl es – als Bauwerk und als Theater – für immer sich selbst bleiben wird. Als "vorgetäuschtes" Theater ist es letzten Endes, ungeachtet seiner Bescheidenheit, eine großartige Karikatur des marmornen Theaters der Antike.[14]

Ein Schauspieler unserer Zeitepoche, Gérard Philippe, der im Jahre 1952 für die Aufführung von *El Cid* von Corneille in das Teatro Olimpico gerufen wurde, entgegnete im Anschluß an den Endapplaus des Publikums, mit einer Handbewegung, die den Beifall an das Theater selbst zurückgab, den berühmten Ausspruch: "Il joue par lui même – Es spielt von alleine!".

Hiermit deutete er an, daß er verstanden hatte, daß dieses Theater alles sich selbst unterstellt, da es das Denkmal der Täuschung an sich ist – das nicht "darstellt", sondern "sich selbst" darstellt.

Anmerkungen

[1] Diese Bezeichnung wurde seit dem Beginn des 17. Jh.s verwendet. Während des Mittelalters und des Rinascimento hieß die Festung "Castello di San Pietro" nach der gleichnamigen Ortschaft auf der anderen Seite des Flusses Bacchiglione.
Zur Zeit Palladios hatte der Innenhof einen völlig anderen Zuschnitt, denn dieser war von einem diagonalen Baukörper von dem zweiten Tor ausgehend in Richtung Westen durchzogen. Diese Aufteilung wird uns aus Karten der damaligen Zeit überliefert.
[2] Die Fresken im Odeum und Antiodeum wurden 1987 unter der Leitung der Soprintendenza ai Beni Artistici e Storici del Veneto (Oberintendantur für Altertumswesen und Kunst der Region Venetien) völlig restauriert.
[3] Im Hinblick auf eine kritische Vertiefung der in der vorliegenden Abhandlung dargelegten Überlegungen wurde es als nützlich angesehen, im Anhang einige Abschnitte eines meiner Essays (F. Rigon, 1988) abzudrucken. Darin wird eine "proxemische" Interpretation des Bauwerkes über die Analyse des menschlichen Verhaltens innerhalb des Teatro Olimpico als Manipulierung und symbolische Aneignung eines bestimmten "Territoriums" unternommen. (s. Anhang, insbesondere die Abschnitte II, VI, VII, VIII, IX, XI und XII).
[4] Schiavo, 1980, S. 82.
[5] Id., ebd., S. 84.
[6] Puppi, 1973^b, Nr. 143, S. 435-439.
[7] Die Tagung fand am 22. September 1786 statt. (s. Anhang).
[8] Bei Virgil (Äneis, VI, 129), aus dem das Motto zitiert wird, spricht die Sibylle von Cumä diese Worte zu Äneas, der bald in die Unterwelt hinabsteigen wird. Sie erinnert ihn, daß es keine Mühe bereitet, in den Hades hinabzusteigen, "doch die Schritte wieder nach oben zu richten und an die frische Luft zu treten / dies ist die Pflicht, hierin liegt die Mühe".
Bezüglich der Vertiefung des Mythos des Herkules im Teatro Olimpico und den Gründen für die Wahl dieses Mottos, s. Anhang, Abschnitt X.
[9] Das einzige Gebiet, auf dem Palladio keine direkte Erfahrung sammeln konnte, war das der kleinen und provisorischen demontierbaren Holztheater für die Aufführung von Komödien auf den Plätzen im Freien, über die es natürlicherweise nur literarische Beschreibungen gab.
[10] Puppi, 1973^b, cit. (und auch Nr. 57, S. 320 und Nr. 75, S. 342).
[11] Id., ebd.
[12] S. *Il Berga. Teatro Romano*, 2. Aufl., 1980. Die in architektonischer wie in geschichtlicher Hinsicht äußerst umfassende und belegte Untersuchung über das Berga-Theater ist noch heute ein gültiges Instrument für das Verständnis, obwohl einige Theorien jetzt an Hand der letzten archäologischen Untersuchungen überholt sind. Bekanntlich sind im Museo di Vicenza die wertvollen Zeichnungen und graphischen Rekonstruktionen von G. Miglioranza anläßlich der akkuraten Ausgrabungen von 1838-39 aufbewahrt. Bei dieser Gelegenheit wurden eine Reihe von Fundstücken geborgen, darunter das berühmte "Bukranion" und die drei Statuen – zwei weibliche und eine männliche – der Familie des Julius-Claudius, die später in die Museen der Stadt Vicenza überführt wurden.
[13] L. Olivato, 1982, S. 179-183.
[14] L. Puppi, 1973^b, Nr. 128, S. 418.
[15] *Vicenza città bellissima...*, 1983, Nr. 128 und 129.
[16] Diese These wurde anläßlich verschiedener, nicht veröffentlichter Konferenzen von L. Magagnato wiederholt vertreten. S. id., 1954 und 1979. S. auch R. Cevese, 1973, S. 118-120.
In Magagnatos Text über das Teatro Olimpico (z. Zt. im Druck in der Reihe des Corpus Palladianum) wird diese These ausführlich belegt.
[17] Für eine Vertiefung dieses Themas s. Anhang, Abschnitt I. Bekanntlich ging Palladios Modell des Theaters während des 18. Jh.s verloren.
[18] O. Giustiniani, 1985 (Übersetzung). Für eine kritische Analyse des Übergangs im Theaterprogramm von der "pastoralen Dichtung" zur "Tragödie" s. Anhang, Abschnitt III.
Die Idee der "Tragik" des Teatro Olimpico wurde zum ersten Mal von L. Puppi anläßlich einer noch nicht veröffentlichten Konferenz im Jahre 1985 im Odeum des Teatro Olimpico vorgetragen.
[19] Der 3. Mai war ein Sonntag. Am 5. Mai, dem letzten Karnelvalsdienstag wurde die Aufführung wiederholt. S. G. Nogara, 1973, S. 7-15.
[20] Der im Anhang wiedergegebene Brief wurde aus O. Giustiniani, cit., S. 119-124 entnommen.
[21] Bei den "Delegierten" handelte es sich eigentlich um zwei junge konvertierte Prinzen – Don Manzio Ito und Don Michael Cingicia – die mit ihrer Gefolgschaft Papst Gregor XIII. besucht hatten. Von Prinz Angelo Caldogno empfangen, "wohnten sie einem bezaubernden Konzert mit Gesängen von Männern und Frauen bei". S. Schiavo, 1980, S. 92.
[22] F. Bandini, 1985.
[23] Die Wiederaufnahme der Aufführungen erfolgte im Jahre 1847 mit einer neuen Inszenierung des König Ödipus mit der eigens zu diesem Zweck komponierten musikalischen und choralen Begleitung. Vgl. G. Nogara, 1973, S. 21-26 ff. und F. Rigon, 1987.
In Nogara, cit., (vor allem auf S. 397) werden die Chroniken verschiedener Feste, Tänze und verschiedener Unterhaltungsveranstaltungen, die im Laufe des 17. und 18. Jh.s im Teatro Olimpico stattfanden, wiedergegeben.
[24] Der private und exklusive Charakter des "entfernten" Theaterraumes des Teatro Olimpico wird von jenen, die sich ihm nähern wollen, von Anfang an wahrgenommen. In der Tat wird die Begegnung mit dieser Architektur ständig in die Ferne gezogen,

wie in der Zeit verschoben und aufgespalten, wie von einer Reihe von ausweichenden Zwischenräumen gefiltert.

[25] S. auch Anhang, Abschnitte II und VI.

[26] M. Saccardo, 1980.

[27] Das Muster ist im Bürgermuseum der Stadt Vicenza aufbewahrt. Die ursprünglichen Intarsien sollten den Schauspielern das Auffinden der von dem Regisseur gewünschten Stellung erleichtern.

[28] Jüngste Untersuchungen haben ergeben, daß die Höhe des Orchesters bis zur Ebene des Proszeniums beliebig variierbar war, und mit diesem somit ein einziges Parterre bilden konnte.
Der Verdienst dieser Entdeckung ist dem Architekten Renato Michieli – dem ausführenden Techniker der im Jahre 1986 für die Restaurierung des Teatro Olimpico ins Leben gerufenen Bürgerkommission – zuzuschreiben. Der offensichtliche Beweis für die Möglichkeit der Erhöhung der Orchesterebene liegt in der umrahmten Freske des Antiodeums mit der Darstellung des Empfangs der japanischen Delegierten. Darin läßt sich mühelos feststellen, daß sich die an der elliptischen Hinterwand des Orchesters angeordneten Gäste auf der gleichen Ebene wie der Prinz der Akademie, Angelo Caldogno, der sie vom Proszenium aus begrüßt, befinden.

[29] S. Anhang, Abschnitt X.

[30] Die im Oktober des Jahres 1985 begonnene Restaurierung der Statuen und des übrigen Dekors wurde im September des Jahres 1987 fertiggestellt. Die Restaurierung erfolgte unter der Schirmherrschaft der Soprintendenza ai Beni Artistici e Storici del Veneto (Oberintendantur für Altertumswesen und Kunst der Region Venetien). Die Direktorin der Arbeiten war die Oberintendantin Filippa Aliberti Gaudioso. Die Verantwortliche vor Ort war die Inspekteurin Elisa Avagnina, die zur Zeit eine gegliederte Abhandlung über die verschiedenen Künstler des ursprünglichen Dekors ausarbeitet. Dieses Essay – das in der erwähnten Monographie des Corpus Palladianum unter der Leitung von L. Magagnato erscheinen wird – hebt darüber hinaus die eventuelle Rolle des Vicentiner Bildhauers Camillo Mariani hervor. S. auch G.G. Zorzi, 1961.

[31] L. Puppi, 1973[b], Nr. 143, S. 435-439; F. Barbieri, 1974; D. Gioseffi, 1974.

[32] S. auch Anhang, Abschnitt IV. Verschiedene Elemente aus Glas und Blech der ursprünglichen Beleuchtung sind heute in einigen Schaukästen des Antiodeums ausgestellt.

[33] S. auch Anhang, Abschnitte VI und VIII.

[34] S. Anmerkung 24 und Anhang, Abschnitte II, IV und V.

[35] Bezüglich einer vertiefenden Analyse der Beziehung zwischen den perspektivischen Bühnenbildern und der Bühnenfront s. Anhang, Abschnitt VIII.

[36] S. Anhang, Abschnitte I, III und VII.
Für eine Interpretation der psychoanalytischen Aspekte der komplexen und problematischen Beziehung der Vicentiner zu ihrer Stadt und ihrer archäologischen und feudalen Vergangenheit, die durch Ödipus und dessen Mutter und Geliebten Iokaste verkörpert wird, s. F. Rigon, 1987, S. 36-42 und S. 72.

[37] S. vor allem Anhang, Abschnitt VIII.

[38] S. Anhang, Abschnitt VI.

[39] S. Anhang, vor allem die Abschnitte X und XI.

[40] Bezüglich der Festigkeit des Materials der Statuen s. Anhang, Abschnitt IX.

[41] Bezüglich des Fernbleibens des Teatro Olimpico vom öffentlichen Leben während fast zweieinhalb Jahrhunderten s. vor allem Anhang, Abschnitte V und IV.

[42] S. auch Anhang, Abschnitt VI.

[43] S. auch Anhang, Abschnitt VIII.

[44] Bezüglich der Tragik, der Zweideutigkeit und der Eigenartigkeit des Teatro Olimpico s. zur Vervollständigung des bereits Geschriebenen die letzten Abschnitte XI und XII im Anhang.

Johann Wolfgang Goethes Beschreibung einer öffentlichen Tagung der Accademia Olimpica (aus J.W. Goethe, *Italienische Reise*, in *Goethes Werke*, Bd. 10, Berlin und Weimar 1966, S.57-59).

Den 22. September
Heute abend war ich in einer Versammlung, welche die Akademie der Olympier hielt. Ein Spielwerk, aber ein recht gutes, es erhält noch ein bißchen Salz und Leben unter den Leuten. Ein großer Saal neben dem Theater des Palladio, anständig erleuchtet, der Capitan und ein Teil des Adels zugegen, übrigens durchaus ein Publikum von gebildeten Personen, viele Geistliche, zusammen ungefähr fünfhundert.
Die von dem Präsidenten für die heutige Sitzung aufgegebene Frage war: ob Erfindung oder Nachahmung den schönen Künsten mehr Vorteil gebracht habe. Der Einfall war glücklich genug; denn wenn man die in der Frage liegende Alternative trennt, so läßt sich hundert Jahre hinüber und herüber sprechen. Auch haben sich die Herren Akademiker dieser Gelegenheit weidlich bedient und in Prosa und Versen mancherlei hervorgebracht, worunter viel Gutes.
Sodann ist es das lebendigste Publikum. Die Zuhörer riefen bravo, klatschten und lachten. Wenn man auch vor seiner Nation so stehen und sie persönlich belustigen dürfte! Wir geben unser Bestes schwarz auf weiß: jeder kauzt sich damit in eine Ecke und knopert daran, wie er kann.
Es läßt sich denken, daß Palladio auch diesmal an allen Orten und Enden war, es mochte von Erfinden oder Nachahmen die Rede sein. Zuletzt, wo immer das Scherzhafteste gefordert wird, hatte einer den glücklichen Einfall zu sagen: die anderen hätten ihm den Palladio weggenommen, er wolle dagegen den Franceschini loben, den großen Seidenfabrikanten. Nun fing er an zu zeigen, was die Nachahmung der Lyoner und Florentiner Stoffe diesem tüchtigen Unternehmer und durch ihn der Stadt Vicenza für Vorteil gebracht habe, woraus erfolge, daß die Nachahmung weit über die Erfindung erhaben sei. Und dies geschah mit so gutem Humor, daß ein ununterbrochenes Gelächter erregt ward. Überhaupt fanden die, welche für die Nachahmung sprachen, mehr Beifall; denn sie sagten lauter Dinge, wie sie der Haufen denkt und denken kann. Einmal gab das Publikum mit großem Händeklatschen einem recht groben Sophism seinen herzlichen Beifall, da es viele gute, ja treffliche Sachen zu Ehren der Erfindung nicht gefühlt hatte. Es freut mich sehr, auch dieses erlebt zu haben, und dann ist es höchst erquickend, den Palladio nach so viel Zeit immer noch als Polarstern und Musterbild von seinen Mitbürgern verehrt zu sehen.

Brief von Filippo Pigafetta über den Eröffnungsabend des Teatro Olimpico am 3. März 1585 (aus O. Giustiniani, *Edipo Tiranno*, hg. von F. Fiorese, Vicenza 1984, S. 119-124).

Hochverehrter Herr und hochwohlgeborener Gebieter.
Wenn die Hand dem Intellekt gehorchen würde, wie der Maler, Bildhauer und einmalige Architekt Michel Agnolo Bonarotti zu sagen pflegte, und wenn das Zusammensein, die Wucht des Weines und der Tumult des Karnevals es mir zulassen würden, gäbe sie mir den Mut, Euer Hochwohlgeborenen und die Hochverehrten Herren, Ihre Freunde, mit dem Prunk und der Herrlichkeit der Tagödie, die gestern in dieser Stadt aufgeführt wurde, Vergnügen zu bereiten; doch die oben gesagten Umstände mögen mich entschuldigen, wenn ich die Gesamtheit dieser herrlichen Aufführung nur in Abschnitten anschneide und mir vorbehalte, Ihnen wörtlich eine bessere Abhandlung zu überbringen.
Mit der Absicht, ein perfektes Werk zu hinterlassen, überzeugte Palladio die Olympier genannten Vicentiner Herren Akademiker – die, dank der noblen Institution ihrer Akademie, oft pastorale Tondichtungen, Komödien und Tragödien und andere Wohlgefallen für das Vergnügen des Volkes aufzuführen pflegen –, gemäß der antiken Sitte der Griechen und Römer ein Theater zu erbauen. Und ich glaube bereits, daß Sie wissen, daß sich das Theater von dem Amphitheater unterscheidet: doch das Theater ist der eiförmige Raum mit der äußerst verzierten Fassade, vor der sich auf der Bühne die Handlung abspielt, in der Mitte das Orchester und dann die Stufen, auf denen die Zuschauer Platz finden; das Amphitheater, wie die Arena in

Verona, ist dagegen für Wettspiele, Tourniere, Jagdspiele, Wettkämpfe, Gladiatorenkämpfe und andere Zeitvertreibe geeignet. Vor kurzem nun ist dieses Theater, das bequem ungefähr 3000 Personen fassen kann, mit bewundernswerter Meisterschaft und Kunst fertiggestellt worden; und es ist zur Ansicht dermaßen anmutig, daß es im allgemeinen jedermann gefällt, da die Schönheit der Proportion und die der Maße sich gegenseitig entsprechen. Beide gefallen dem Auge eines jeden, der die unglaubliche Anmut liebt, wegen der Friese, Architraven, Rahmen, Festons, Säulen mit wunderschönen Kapitellen und Sockeln, zahlreichen in Basrelief angefertigten Stuckfiguren sowie vielleicht achtzig Stuckstatuen, die die Akademiker darstellen und von hervorragenden Meistern angefertigt wurden; und jede dieser Statuen wurde mehrfach angefertigt, bis sie die gewünschte Anmut ausstrahlte. Ich möchte die Öffnungen, die Türen und die Fenster sowie die weiteren Ornamente überspringen, denn deren Beschreibung wäre zu lang, noch würde dies die Kürze des Briefes erlauben, doch lassen Sie mich Ihnen berichten, daß jede noch so winzige Einzelheit als wie von den Händen Merkurs gearbeitet und von den Grazien selbst verziert erscheint. Die Perspektive in seinem Inneren ist ebenfalls bewundernswürdig und in seinen fünf vertieften Hauptteilen äußerst gut sichtbar. Diese verkörpern die sieben Bezirke der Stadt Theben mit den schönen Häusern, Palästen und antiken Tempeln und Altären von feinster Architektur und aus robustem Holz gearbeitet, um für immer zu bestehen – bei einer Ausgabe von 1500 Dukaten. Man denke sich also, Euer Hochwohlgeborenen, ein fertiges Werk des Palladio, dem nichts fehlt, in den letzten Jahren seines Lebens entworfen, in das er sein ganzes Wissen hat fließen lassen. Er bat die Akademiker, daß hier sein Name eingemeißelt werde, da dies sein bestes Werk sei, das er jemals entworfen habe, und das ihm höchste Genugtuung bereite.

In diesem Theater, das alles in allem achtzehntausend Scudi kostet, haben die Herren Akademiker die – um es mit dem angemessenen Verhältnis auszudrücken – nobelste jemals verfaßte Tragödie mit Namen *Ödipus, der Tyrann* aufgeführt; so wurde sie genannt, im Unterschied zum *Ödipus*, das von Sophokles verfaßt und vor allen anderen von Aristoteles gelobt wurde. So wurde in dem berühmtesten Theater der Welt die beste Tragödie der Welt zum ersten Male aufgeführt. Aus dem Griechischen wurde sie von dem erlauchten Herrn Orsato Giustiniano in die italienische Volkssprache übertragen. Der Herr Angelo Ingegnero hat dieses ganze tragische Werk vorbereitet und geleitet. Der Musiker des Chores ist Herr Andrea, Organist in Sankt Markus. Die Perspektiven wurden von Herrn Vincenzio Scamozio, einem Architekt aus Vicenza, gemalt. Die Erfindung der Kostüme ist von Maganza [Magunza]. Der Prinz der Akademie ist der erlauchte Herr Graf Lunardo Valmarana, der das Gemüt eines Caesars hat und für großmütige Unternehmungen geboren ist; daher wohnte die Kaiserin der Serenissima in seinem Hause, und mit ritterlicher Geste unterläßt er keine Gelegenheit, die durch die Stadt reisenden Fremden zu begrüßen und einzuladen und sie mit seinen Gärten zu vergnügen, die man fast mit den antiken Gärten der Orti Salustii in Rom vergleichen könnte. Der Herr Prinz und die anderen Akademiker, alle festlich gekleidet, haben alle zusammen und jeder für sich keinerlei Mühe und Geldausgabe unterlassen, auf daß dieses Unternehmen in jeder Hinsicht perfekt gelinge. Die Anzahl der Kleider war vielleicht 80. Die in der Tragödie spielenden Personen sind insgesamt 9, alle doppelt, damit ja keiner fehle; deren zwei, der König und die Königin, waren in Goldtuch festlich gekleidet. In dieser Stadt wurden um die 2000 Edelmänner aus Venedig, von dem Staat und aus anderen Ländern beherbergt, ohne die anderen zu zählen; sodaß man auf den Straßen nichts anderes als Edelmänner, Edelfrauen, Kutschen, Pferde und Ausländer sah, die sich für die Tragödie eingefunden hatten, und die insgesamt in den Schenken beherbergt waren, ohne daß man sie in irgend einer Weise wenn nicht als Ausländer kannte. Die Liebenswürdigkeit, mit der man in das große Gedränge eingelassen, zu den Plätzen geführt und auf Wunsch mit Wein und Früchten erfrischt wurde, ist unglaublich – all dies ließen die Herren Akademiker persönlich ausführen – und vor allem das Geleit der Edelfrauen, die unten im Orchester Platz nahmen, wo für sie Stühle in einer Anzahl von 400 vorgesehen waren; und unter den anderen die Frau des

hochverehrten Botschafters von Frankreich und eine ihrer Nichten. Die Zahl der Zuschauer überschritt 3000.
Man betrat das Theater ziemlich früh, von sechzehn bis zwanzig Uhr, und das Schauspiel begann um halb zwei in der Nacht und endete nach fünf Uhr; sodaß manche, unter diesen ich, vielleicht elf Stunden dort drin zubrachten, ohne eine einzige zu bereuen; denn bei der Ansicht all dieser neuen Gesichter, bei dem Beobachten der Frauen, beim Platznehmen, oder bei der Beurteilung dieser ganzen Zusammenkunft verging die Zeit sehr schnell. Verschiedene Öffnungen waren vorhanden, durch die man zur Verrichtung seiner Dienste gehen konnte, sodaß, sowohl an Erfrischungen, wie an anderem, der Bequemlichkeit der Zuschauer nichts fehlte. Der Capitan war mit einigen Senatoren vertreten, der Bürgermeister fehlte. An den Toren standen Gruppen von bewaffneten Soldaten für die Sicherheit des Einganges und für jede weitere gute Beachtung.
Kaum ward die Stunde gekommen, den Vorhang zu öffnen, empfand man zuerst einen bezaubernden Geruch von Düften, um zu verstehen, daß in der dargestellten Stadt Theben, gemäß der Geschichtsüberlieferung, Düfte verbreitet wurden, um den Zorn der Götter zu mäßigen; daraufhin ertönten Trompeten und Trommeln, und nach der Kadenz von vier zu sechs Stücken öffnet sich der Vorhang vor der Bühne in einem Augenblick. Der große Genuß und die unbändige Freude, die die Zuschauer bei der Ansicht der Belohnung für all dies Warten überkam, ist nur mit großer Not in Worte zu fassen und kaum vorstellbar. Von der inneren Perspektive her kommend hörte man eine ferne Musik sowie Stimmen und verschiedene Instrumente, durch die angedeutet werden sollte, daß in der Stadt Loblieder gesungen, Gebete aufgesagt und Düfte verbreitet wurden, um von den Göttern das Heil und die Erlösung vom Hunger und der Pest, die die Stadt seit so langer Zeit erdrückt hatte, zu erlangen. Hierauf begann die Tragödie ordnungsgemäß, und in keinem Punkt gab es während deren Ablaufes einen Fehler. Die Schauspieler sind fein und festlich gekleidet, gemäß der Stellung eines jeden: der König mit dem Schutz der 24 Bogenschützen, die wie die Solachen des Großen Türken gekleidet sind, mit Pagen und Dienstpersonen; die Königin mit Matronen, Hofdamen und Pagen; und Kreon, der Bruder der Königin, gleichfalls mit einem Hof umgeben, wie es sich gebührt. Der Chor bestand aus 15 Personen, sieben auf jeder Seite, mit dem Vorsänger in der Mitte, der mit wunderschöner Sprache und Gesang seiner Aufgabe nachkam, sodaß man fast sämtliche Worte verstehen konnte, was für die Tragödien von großer Bedeutung ist.
Die Geschichte ist voller Leid und Schrecken und dermaßen aufgebaut und verstrickt, daß der Sohn zum Mörder seines Vaters und zum Ehemann der Mutter wird und ihr Kinder zeugt; und sämtlichen Verwünschungen und extremen Strafen unterliegt, daß er selbst mit großer Mühe den Mörder des Laios sucht. Und bei der Entdeckung dieser Tat, daß er selbst der Schreckliche ist, den man suchte, erfolgt der Sturz des glücklichen Königshauses in den schlimmsten nur vorstellbaren Zustand: die Königin, als Ehefrau und Mutter ertappt, nimmt sich mit Hilfe eines Strickes selbst das Leben; und der König, von den Furien genötigt und von dem Bewußtsein dieser Schreckenstaten getrieben, für die er dennoch keine Schuld hat, sobald er seine Mutter und Ehefrau tot darnieder liegen sieht, sticht sich mit seinen eigenen Händen mit einer Fibel aus dem Kleid der Königin die Augen aus. Als Ödipus nun auf die Bühne tritt – so schlecht behandelt, blind und voller Blut, als der Unglücklichste auf Erden und auf dem Höhepunkt des Unglücks und der Schande, die der menschlichen Natur zustoßen können, und jammernd und weinend und seufzend und verzweifelnd – da läßt er einem die Haare zu Berge stehen und nötigt die anderen zur Gnade und zum Erschrecken und zum Beweinen eines solch schrecklichen Geschehens.
Nun ist die Aufgabe der Tragödie, mit der Aufführung der Herrlichkeit und des Glückes, der Gnade und des Schreckens, die Seelen der Zuschauer zu bewegen und die verhärteten Gemüter zu erweichen. Nach Aristoteles soll dieses Geschehen die Gemüter reinigen und von den Leidenschaften, also von dem Haß, der ständigen Wut, der Sucht und der Rache befreien; und Sie können mir glauben, daß diese Tragödie, derart perfekt geschrieben und derart geschickt komponiert, und vor allem derart hervorragend aufgeführt, ihre Wirkung zeigen und die Meinungsverschie-

denheiten über die befallenen Teile dieser äußerst liebenswürdigen Stadt voller Werte und Geist zunichte machen wird.
Nach den antiken Griechen und Römern haben es die Vicentiner vor allen anderen Nationen verstanden, die tragische Dichtung am besten zu komponieren; und dies ist ihnen derart gut gelungen, daß sie nicht nur die ersten, sondern auch die besten sind. Aus diesem Grunde auch schrieb Trissino bereits vor fünfzig Jahren seine *Soffonisba* derart abenteuerlich, daß daraufhin niemand mit einem anderen Werk diese Güte erreichen konnte. Und nicht nur die besten Komponisten solcher Dichtungen, sondern bei Gott auch die besten Schauspieler; es steht eindeutig fest, daß seit der Zeit der Alten keine Tragödie mehr derart wunderbar aufgeführt wurde – weder mit einer feineren meisterhaften Architektur, noch mit einem besseren Chor und besseren Schauspielern – als die obengenannte *Soffonisba* und nun dieser *Ödipus*. Dies ist das Privileg unseres Vaterlandes, neben anderen Tugenden der Schönheit, der Freiheit und der Freundlichkeit gegenüber Ausländern. Und hiermit küsse ich Euer Hochwohlgeborenen die Hand.
Aus Vicenza, den 4. März 1585.
Euer Hochwohlgeborenen ergebenster Diener
Filippo Pigafetta.

Im Hinblick einer kritischen Vertiefung und Vervollständigung der in dem Text dieses Führers dargelegten Überlegungen wurde es als nützlich angesehen, einige Abschnitte des Essays von F. Rigon, *Das Teatro Olimpico in Vicenza: Identität eines Denkmals*, in "Venezia-Arti", H. 2, Venedig 1987, S. 47-60 abzudrucken.
Um die Gegenüberstellung mit den Anmerkungen zu erleichtern, wurden die Auszüge von I bis XII nummeriert.

I. Die kürzlich erfolgte Restaurierung des Teatro Olimpico stellt die nicht weiter aufschiebbare Gelegenheit dar, auch in wissenschaftlicher Hinsicht die allgemein verbreitete Annahme, bei dem Bauwerk handle es sich um das ausgesprochene Meisterwerk Palladios, zu relativieren.
Die Mängel im architektonischen Ausdruck und Entwurf des Theaters sind mehrfach hervorgehoben worden, sodaß wir es uns ersparen möchten, hier erneut auf dieses Thema einzugehen; obwohl viele der kritischen Einwände auf der allzu leichten Erklärung beruhten, wonach zahlreiche dieser Mängel auf die unterbrochene Leitung Palladios zurückzuführen seien. Palladio starb bekanntlich im August des Jahres 1580, als mit dem Bau des Theaters gerade erst begonnen worden war.
Es ist denkbar, daß das Trauma über den Tod des Meisters enorm gewesen ist und die Olympischen Akademiker in die höchste Fassungslosigkeit verschlagen hat, denn man kann ohne weiteres annehmen, daß der Architekt, angesichts der Abwesenheit von erprobten Präzedenzfällen, sich vorbehalten hatte, für zahlreiche Problematiken die entsprechenden Lösungen im Laufe der Bauausführungen zu finden.
In der Tat war Palladio, als "Gründungsmitglied" der Accademia Olimpica, zum ersten Mal der Auftraggeber seiner selbt. Aus diesem Grund – gemeinsam mit der Überlegung, daß wahrscheinlich eher er selbst es war, der die Mitglieder der Akademie von dem Bau des Theaters überzeugte, und daß weniger die Mitglieder ihn zu dem Entwurf gedrängt hatten – konnte der Meister eine Freiheit genießen, wie dies in seinem beruflichen Leben bisher nie in diesem Maße der Fall gewesen war.
Doch um zu der Fassungslosigkeit der Akademiker zurückzukehren, die in dem schönsten Augenblick eines derartig ruhmreichen Unternehmens als Weisenkinder des Palladio zurückgeblieben waren, muß hinzugefügt werden, daß zu jenem Zeitpunkt kein einziges der Gebäude des Palladio in Vicenza fertiggestellt war, und daß – wie es die sogenannte Pianta Angelica beweist, neben der am meisten auffallenden Unwahrhaftigkeit der Basilica, deren Bogengänge eher aus Gründen des bürgerlichen Stolzes als fertiggestellt bezeichnet wurden – sich sämtliche dieser Gebäude als Ruinen *ante litteram* in einer Art beunruhigendem, nicht zu übersehendem archäologischem Schauplatz empfinden ließen.
Die Angst, daß auch das Teatro Olimpico, das zum überwiegenden Teil aus Holz und Stuck bestehen sollte, zu einer Ruine würde, und sich in Kürze wie ein Hermaphrodit an der Sonne auflöse, war bestimmt enorm.
So kam es, daß man, um Palladio mit der

Vollendung des unterbrochenen Baues zu ehren, über Palladio hinausgehen mußte. Vincenzo Scamozzi, ein Mann mit einer anderen Mentalität, da aus einer anderen Generation stammend, war es, der nicht nur die konstruktive Klippe der offenen Baustelle, sondern die gesamte Welt, die diese Baustelle verkörperte, – und mit ihr die entsprechenden Motivierungen und gesetzten Ziele – überwinden mußte, und zwar mit Hilfe eines anscheinend unbedeutenden Kniffes, der jedoch den akkuraten Mechanismus Palladios für immer lahmlegte.
Denn wenn man richtigerweise annimmt, daß der allgemeine Entwurf des Theaters auf Palladio zurückzuführen ist – nach den überlieferten Zeichnungen des Meisters sowie des Modells zu urteilen, das später verlorenging –, wenn man ohne weiteres verstehen kann, daß die Vollendung der Mauerstruktur unerläßlich war, um das äußerst vergängliche Material, mit dem man das Theater erbauen wollte, vor Witterungseinflüssen zu schützen, so ist gleichermaßen verständlich, wie einfach es für Scamozzi gewesen sein muß, eine Vorrichtung – die der Bühne – zu installieren, die ein gesamtes Konzept, und zwar nicht nur in architektonischer Hinsicht, für immer durcheinander bringen würde.

II. Der Eintritt in das Teatro Olimpico entspricht einem Auftauchen ans Licht: kein einziges Theater ist derart intensiv von natürlichem Licht erleuchtet, wie dieses. Es wendet sich zu allererst an den normalen Besucher, und ist in erster Linie ein Bauwerk, das bewundert werden soll, anstatt eine benützbare und erlebbare Theatermaschine.
Als ein privilegierter Ort, der eine Außenwelt mit all ihren natürlichen und künstlichen Elementen kombiniert, hier inklusive, d. h. in erster Linie, des Lichtes, möchte das Teatro Olimpico daran erinnern, daß es zwar ein Universum ist, welches anzieht und gefangen nimmt, jedoch ein kleines, provisorisches und konventionelles Universum. Dessen Erhaltung ist von dem großen Universum draußen abhängig – das große Universum der Natur und der Stadt, mit dem Licht und dem Lärm, die zu jeder Tages- und Nachtstunde zur Genüge eindringen – wie bei jenen Bewohnern, die beschlossen haben, die Welt der Realität zu verlassen, um sich mit der Fiktion der Kunst zu befassen, die sich seit eh und je gerade in der Welt des Theaters am besten bewahrheitet.
In diesem Zusammenhang besteht die Poesie Palladios darin, den Behälter zu verschweigen, diesem jedoch die Möglichkeit zu geben, am Rande, an den Eck- und Knotenpunkten und Seitenflächen hervorzutreten – sozusagen als Erinnerung und Aktualisierung der übernommenen Konvention.
Die Besucher oder die Zuschauer des Teatro Olimpico, die über die von Palladio gewünschten und entworfenen Zugänge und durch die architektonische Begrenzung der Säulen in den Raum der oberen Logen der Exedra gelangen, überblicken mit einer optimalen Gesamtansicht den gesamten Raum dieses architektonischen "Tiegels", der insgesamt, wie bereits gesagt, in einem die Außenwelt vortäuschenden Innenraum entwickelt ist.
Überblickend und allumfassend ist die Gesamtansicht der verschiedenen "kanonischen" – den antiken Modellen der Klassik nachempfundenen – Komponenten des Theaters, d. h. der Cavea (am oberen Rand durch die Exedra mit den beiden Logen begrenzt und oben von dem künstlichen Himmel abgeschlossen), dem Orchester, dem Proszenium und der Bühnenfront (wobei letztere beide untrennbar miteinander verschmolzen sind), sowie der in die Bühnenfront hineingebauten Bühnenbilder des Scamozzi, die, je nach dem Betrachtungswinkel, über die Königspforte hinaus, in Richtung der beiden *hospitalia* und der Pforten in den beiden Seitenbegrenzungen mehr oder weniger "äugeln".

III. Bekanntlich war ursprünglich vorgesehen, eine pastorale Dichtung aufzuführen, und an Hand von jüngsten Studien werden sowohl diese Entscheidung wie auch die darauffolgenden Ereignisse anders beleuchtet. Mit der Beauftragung Scamozzis entschied man sich dann für die Inszenierung des *Ödipus, der Tyrann* von Sophokles, einstimmig angesehen als der perfekteste Ausdruck der tragischen Dichtung der Antike.
Der Schrecken, daß, wie bereits gesagt, mit dem plötzlichen Dahinscheiden des Architekten, auch das Teatro Olimpico, genau wie die anderen Gebäude Palladios unvollendet verbleiben könnte – ein brennender Dorn in den Gliedern der Stadt, die, zum Ende des Cinque-

cento, voller beunruhigender Fragmente war, wie man an Hand der ebenfalls im Jahre 1580 entworfenen Pianta Angelica feststellen kann – war immens groß. Derart groß, daß das Bauwerk – zwischen dem Zwiespalt einer inzwischen zerstörten Utopie und den drängenden finanziellen Beschränkungen einer kraftlosen Akademie – im Verlauf der Bauarbeiten mit der Suche nach einem eigenen *Topos*, mit Hilfe dessen es existieren könne, also mit den Merkmalen einer "tragischen Architektur" beladen wurde, was zu keinem anderen Ziel als zur Wahl der Tragödie Sophokles' führen konnte.
An Stelle der "ausweichenden" pastoralen Dichtung, die dem Theater des Hofes und des Prinzen (und der exklusiven und elitären Akademie der Olympier) so sehr am Herzen lag, entschied man sich also für die Tragödie, die sich in Theben, der "Hauptstadt Böotiens und Sitz des Reiches" abspielte. Und in dieser Tragödie erkennt sich die bewußte und unbewußte Kultur ganz Vicenzas – als deren Garant und Vermittler im Namen der ganzen Stadt die Akademie sich sah – ein für allemal und erwählt sie, in einer Art unbewußtem und fortwährendem kollektivem *Transfer*, als den in der Theateraufführung immer wieder überarbeiteten und zum Leben neu erweckten literarischen Text, der für die Ereignisse des Teatro Olimpico und der Stadt selbst emblematisch wird.

IV. Es hat den Anschein, daß sich das Teatro Olimpico, nachdem es sich am Abend der Eröffnung ein erstes Mal für immer "geäußert" hatte – als hätte es im Laufe eines einzigen Momentes seine Funktion erfüllt, und sei somit zum immerwährenden Epigraph geworden – recht bald in einen Ort der Repräsentanz an Stelle der Aufführungen gewandelt habe; oder gar des Repräsentierens im Sinne des Sich-selbst-Darstellens, weniger der Theateraufführungen, sondern einer Stadt, die der Meinung ist, sich mit einem Theater identifizieren und in dessen Rahmen äußern zu können.
Und tatsächlich stellt man beim Lesen der Stadtchroniken fest, daß das Teatro Olimpico zu einer obligatorischen Reisestation für alle berühmten Reisenden, die durch die Stadt Vicenza kamen und die regelmäßig von dem diensthabenden Akademiker zu dem Meisterwerk Palladios geführt wurden. Sehr oft besteuerten sich die die Gäste beherbergenden Akademiker selbst, um das Theater wie am "Abend der Erstaufführung" zu erleuchten – obwohl keinerlei Inszenierung oder Aufführung stattfand – um es dem Gast im vollkommenen Zustand der "Illusion" zeigen zu können.
Zweifelsohne hat der Theaterabsentismus des Teatro Olimpico bis zum Jahre 1847 triftige praktische Gründe in der Zerbrechlichkeit und Bedenklichkeit der Materialien, die beim Bau verwendet wurden (und auf deren Begründung wir noch zu sprechen kommen werden), weswegen man fürchtete, eine derart grazile Struktur durch den Gebrauch zu rampunieren und "abzunützen". Doch dieser Absentismus hat ebenso tiefgreifende geschichtliche Gründe, die sich auf die Tatsache beziehen, daß das Teatro Olimpico gegenüber der Evolution der zeitgenössischen Theaterarchitektur nach hinten blickt, in eine längst überholte, endgültige Vergangenheit blickt. Aus diesen zuletzt genannten Gründen wurde es sehr schnell von neuen Anforderungen des Theaterwesens und des Theatergenusses überholt und stellte somit, volens nolens, eine beendete Episode dar; es war die Frucht einer Epoche, die sich mit ganz anderen Zielsetzungen entwickelt hatte.
Doch andererseits mußte das Teatro Olimpico, wahrscheinlich gerade wegen seines Anachronismus, den Akademikern und den Vicentinern als ein unerwartetes Wunder erscheinen, das – trotz der verworrenen Entstehung und der problematischen Fertigstellung – sämtliche Voraussichten und Erwartungen überstiegen hatte und dermaßen herrlich – unermeßlich herrlich! – geworden war, das man es, so wie es war, eifersüchtig behüten mußte, damit es für immer herrlich bleiben konnte; eine derart geheime und "verdrängte" Herrlichkeit, die nur mit Sparsamkeit und zu besonderen Anlässen gezeigt werden konnte.

V. Auf diese Weise zeigte sich an Hand des Teatro Olimpico sofort eine Duplikation seiner Natur, die zu einer zu Beginn nie geahnten Spaltung führte, mit zwei Funktionen und Zielen: jene des Bauwerks und jene des Theaters, oder besser des Bau-"Werks" vor dem Theater.

Tatsächlich war das architektonische Resultat derart schwindelerregend, daß es diesen unglaublichen Schwung in sich selbst absorbierte und erschöpfte; sich mit sich selbst derart erfüllte, daß es die Aufführungen gar nicht mehr benötigte, für die es eigentlich entstanden war. Ein Denkmal seiner selbst und *theama* des eigenen Wunders, würdig, als das besichtigt zu werden, was es ist; für Reisende, die nicht auf den Theaterbesuch angewiesen sind, um das Meisterwerk, das sie suchen, voll und ganz zu genießen.
Und auch dank der ausreichenden natürlichen Beleuchtung zeigt sich das Teatro Olimpico – als dieser Schauspieler, der es ist – den Besuchern, die es bewundern möchten, "essentiell" in seiner Alltäglichkeit über Tag, um bei den Theateraufführungen seine Rolle zu wechseln, indem es sich schminkt und sich in der Gesamtheit einer höheren Berufung sublimiert: mit Hilfe einer künstlichen Beleuchtung, die, wie man sehen konnte, häufig das eigentliche Schauspiel darstellen konnte. Genau in dieser Umwandlung der Funktionen liegt der wesentliche Unterschied des Teatro Olimpico gegenüber den Theatern der Antike, in denen die Aufführungen vor allem tagsüber und in jedem Fall bei natürlicher Beleuchtung stattfanden.

VI. In Richtung der Orchesterfläche steil hinabfallend, ist die Cavea bereit, den Applaus und das Rauschen der Besucher, die sich über die Logen eingefunden haben, aufzunehmen – all die Besucher, die sich auf ihr (die mit ihrer Holztäfelung deren Gegenwart wahrnimmt und verstärkt) verteilen, um an dem architektonischen Geschehen und an der Theateraufführung teilzunehmen.
Hierbei handelt es sich um einen Raum, der derart abgestuft ist, daß er vielseitige und abfallende "Niveaus" in einer beständigen Veränderung der Blickpunkte, innerhalb von "bestimmten" Kasuistiken, ermöglicht. Doch es handelt sich gleichzeitig um jenen ungegliederten und vorausblickend neutral belassenen Raum, der bereit ist, mit einer umgreifenden Umarmung die Vertreter dieser königlichen Stadt, die draußen, jenseits der Konvention, bleibt, zu empfangen – jene Vertreter, die entschieden haben, sich in diesem Raum zu versammeln, in dem sich die Stadt gewissermaßen selbst distilliert und sich in einer einzigen und homogenen architektonischen Fiktion sublimiert.
Der wesentliche Eindruck des Publikums des Teatro Olimpico ist, die vorherrschende und dominierende Komponente des "Ereignisses" zu sein. Doch die vorrangige Funktion dieses Raumes ist, ein Gesamterlebnis zu vermitteln: eine derart radikale Veränderung des "Territoriums" eines jeden, daß er – sobald er seinen Platz auf den Rängen erreicht und sich gesetzt hat – sogleich zur Menschenmenge wird, obwohl er ein Individuum bleibt; hier wird er zum gesamten und einheitlichen Publikum und somit zu jener Hauptkomponente, die das Bauwerk in ein "Theater" verwandelt.
Zwischen Cavea und Publikum werden die entsprechenden Rollen gegenseitig strukturell vertauscht: im Falle des Teatro Olimpico als Bauwerk ist die Cavea das Symbol, das zur Bedeutung wird, indem es die Menschen empfängt und unter ihnen verschwindet; im Falle des Teatro Olimpico als Theater sind es die Zuschauer, die dank der Bedeutung der Cavea zum Symbol, d. h. zur integrierenden räumlichen Komponente der Architektur werden, da sich die Cavea unter dem Gewimmel der Menschen als solche aufhebt.
Einmal in der "Faust" der Cavea gefangen genommen, haben die Zuschauer den Eindruck, aus diesem umfassenden architektonischen Käfig, der tatsächlich jeden Ausgang vertuscht und verschweigt, nicht mehr entweichen zu können; sie fühlen sich beschlagnahmt innerhalb einer Konvention, in der alles zur Struktur wird, auch ihre eigene Realität, und in der jedes Ereignis der Verwirklichung des Gedankens der Fiktion als solcher – der die eigentliche Komponente jedes Theatererlebnisses ist –, untergeordnet wird.

VII. Unter den möglichen Definitionen des "Territoriums", die uns der Ethologe liefern kann, eignet sich jene des Territoriums der Verteidigung vortrefflich für den Raum des Teatro Olimpico. In dieses Theater flüchtet man, nachdem man es innerhalb der Undefinierbarkeit des urbanen Gewebes Vicenzas erkannt hat, und man verbirgt sich darin, nachdem man das unkontrollierbare Durcheinander der Stadt und die unendliche Verschiedenartigkeit der Natur hinter sich gelassen hat; hier ist man für immer gefangen und

in einen "Zeitpunkt" verschoben, in dem die Geschichte und die Ereignisse vollkommen in der Luft hängen und dem Lauf der Zeit enthoben sind – in einen "Zeitpunkt", an dem sich die Geschichte verfestigt hat (jener der Erbauung des Theaters), um zu einem immerwährenden Ereignis zu werden.
Es scheint, als könne man aus der Cavea des Teatro Olimpico, ja aus dem Teatro Olimpico als solchem nicht mehr entkommen, da es selbst zum Universum wird – ein Universum, innerhalb dessen man sich der Illusion hingeben kann, von dem Vergehen der Jahrhunderte verschont geblieben und (in einer vortrefflich ausgerüsteten Festung) vor der unentrinnbaren Fälligkeit des Todes gerettet zu sein.

VIII. Lediglich entlang einer einzigen, hypothetischen und konzeptionellen Richtlinie kann man dem Teatro Olimpico entkommen – jene von Vincenzo Scamozzi künstlich entwickelte der perspektivischen Bühnenbilder, die während der Erstaufführung das Theben des Ödipus darstellen sollten (und die für sämtliche späteren "Aufführungen" in dem Theater erhalten blieben).
Nur jener, der auf der Cavea in dem mittleren Sektor Platz findet, wird die komplette, strahlenförmige Übersicht über die Straßen einer griechischen Hauptstadt der Antike, der *Subspezies* einer Stadt des Rinascimento, vor sich haben.
Er wird hier das empfinden, was von allen als die vorherrschende und beeindruckendste Erfahrung der "Gesamtheit des Teatro Olimpico" beurteilt wird.
Mit dem Degenstoß der sogenannten Königsstraße, die die Unendlichkeit als Ziel hat, erreicht die perspektivische Bühnenbildkunst des Rinascimento einen ihrer Höhepunkte, indem sie den Blick und den Geist des Betrachters in das "Jenseits" führt und ihn seinen eigenen physischen Standpunkt vergessen läßt. Der Anblick und der Geist, und nicht der Körper, welcher hingegen auf dem Aussichtspunkt der Cavea verweilt – innerhalb des Raumes des Palladio, dessen er sich erst wieder bewußt wird, wenn die Verzauberung unterbrochen wird und man aus dem Jenseits zurückkehrt.
Wir werden niemals müde werden, die abgrundtiefe Kluft zwischen der poetischen Welt Palladios, die vollkommen auf die Rückgewinnung eines Mythos ausgerichtet ist, und der wissenschaftlichen und szientifischen Prosa Scamozzis darzulegen. Nur durch das Verständnis dieser Kluft wird man begreifen, daß die Bühnenbilder Scamozzis das genaue Gegenteil der Palladio vorschwebenden Stadt sind – eine Stadt, die nur in der Fiktion, in der Formel der Wissenschaft, und nicht in der fragmentarischen Realität, ein einheitliches und kontrollierbares Abbild finden kann.
Wie in einem Borgesschen Spiegel, der alles auslöscht und wie ein Kaleidoskop verkleinert und gleichzeitig vergrößert, so wird die verworrene Geschichte Vicenzas in der Zeit des Rinascimento in der Gestalt Thebens dargestellt: durch die als solche gezeigte strukturale und phänomenologische Analyse des Vincenzo Scamozzi, und nicht durch die mythische Synthese des Palladio, die verlorene Dimensionen wachruft und neu verarbeitet. In der Wissenschaft der Zukunft, und nicht in der Geschichte der Vergangenheit, in einer Vorrichtung, die von Ferne betrachtet werden muß, die nicht von Menschen betreten werden kann, sondern lediglich mit dem Geist erfaßbar ist – denn es geht zugleich um die Theorie der Perspektive und um das Experimentierfeld für die Erstellung dieser Theorie – wird das ideale Vicenza des Rinascimento in das unmögliche Vicenza des Teatro Olimpico verwandelt, denn nur hier, in der Welt der Träume, erhält die Stadt die Entschädigung für zu viele unbefriedigte Wünsche.
Die von Westen nach Osten (in liturgischer Orientierung!) verlaufende Königsstraße stellt eine hypothetische Verlängerung der antiken römischen zehnten Legionsstraße, der Hauptverkehrsachse und permanenten Wirbelsäule der Stadt dar. In ihr werden die labyrinthischen Verläufe der Realität – die in dem architektonischen Verlauf der Cavea, die für die dem Wunder beiwohnenden wirklichen Menschen vorgesehen ist, vereinfacht wurden – in einen geradlinigen Strom verjüngt, der, gemeinsam mit den anderen sechs Nebenstraßen, die Gesamtfiktion des ganzen Theaters durch die Hyperfiktion verdeckt: sie haben eine rein wissenschaftliche, d. h. perspektivische Funktion und sind daher selbst dem Durchgang der Schauspieler verwehrt, es sei denn, die inszenierte Konvention würde schmählich aufgedeckt. Die Straßen Thebens

sind im Teatro Olimpico perspektivisch dargestellt, da das Theben Sophokles' ein literarisches Theben ist, und da sie, als Hintergrund, eine literarische Stadt verkörpern sollen, in der die drei aristotelischen Komponenten des Theaters – Raum, Zeit, Handlung – von alleine, in sich selbst eine vortreffliche "sichtbare" Synthese in einer Art Nicht-Stadt, oder, besser, einer metaphysischen Stadt finden können. Eine Stadt, die sich in ihrer "Offensichtlichkeit" perfekt mit ihren Fluchtpunkten darstellt, die jedoch keineswegs darum bekümmert ist, ihre Wenigkeit und Herkömmlichkeit im dürftigen und groben Material, aus dem sie besteht, zu verbergen – in dem Bewußtsein, daß man im Theater zugleich alles und nichts ist.
Aus diesen Gründen wirken die Bühnenbilder Scamozzis für das Teatro Olimpico bewußt verfremdend: vor allem gegenüber jener Bühnenfront, die gemäß den Vorhaben des Palladio und der Akademiker die Hauptkomponente der gesamten Architektur, ja deren Krönung, deren "Vollendung" sein sollte.

IX. Die bereits erwähnte, kürzlich erfolgte Restaurierung ermöglichte es, die Festigkeit dieser pompösen und erhabenen Statuen auf den oberen Orden, wo der Mensch nicht hingreifen kann, genauer zu untersuchen. Von nahem betrachtet erleichtern und entmaterialisieren sie sich soweit, daß sie, von hinten gesehen, ihre aus Schilfrohr und getränkten Lappen bestehende Seele preisgeben – wodurch sie ausgestopfte und verstaubte, in dunklen Spelunken hängende Raubvögel ins Gedächtnis rufen.
Auf diese Weise offenbaren sich diese Statuen weniger als bildliche Abbildungen, sondern als eine Art "postumer", mumifizierter, versteinerter und gealterter Archetypen, wobei die Apotheose mit ihrem Gegenteil, dem Moment der endgültigen Buße all jener Persönlichkeiten des Vicenza, das "zählen" wollte und sollte, verschmilzt. In einer Art kollektiven Abwesenheit, die gleichzeitig Leben als Abbild ist, erstarren jene in ihrem Ausdruck, um sich mit der Zeit zu messen, verlieren jedoch den Hauch des Lebens und müssen vor der Geschichte eine Strafe abbüßen.
Bekanntlich war seit der Gründung der Akademie eine der im Statut festgelegten Zielsetzungen die Deklamation von Dichtungen oder die Übersetzung von klassischen oder zeitgenössischen Theatertexten seitens der Mitglieder. Die deklamatorische Komponente war daher innerhalb der Initiativen und Aktivitäten der Vicentiner Vereinigung vorrangig, sodaß sich sogar die, die den Bau des Theaters beschlossen, veranlaßt sahen, sich jener Zukunft, der sie biologisch nicht mehr angehören konnten, in einer Art deklamierenden Pose zu übergeben.
Die Bühnenfront bevölkerte sich somit mit Schauspielern aus Stein und Stuck, die ununterbrochen und unbeweglich, von jenem Abgrund aus, den vor und unter ihnen agierenden Schauspielern sowie dem großen, vorübergehenden und sich wandelnden Publikum auf den Rängen der Cavea die Prüfung ihrer heroischen Berufung aufzwingen.
Die durch den architektonischen Mechanismus des Teatro Olimpico voneinander getrennten menschlichen Komponenten des Realen/Cavea und des Unmöglichen/Bühne erlangen auf dem Ideellen/Bühnenfront und Proszenium eine Berührungslinie, auf der die bildgewordenen ebenso wie die wahren Schauspieler den Traum des aufgeführten Theaterstückes verwirklichen: transeunt auf dem Proszenium, je nach der aufgeführten Piece, und dauerhaft und unveränderlich auf der Bühnenfront.
Zwischen dem Ideellen der Bühnenfront und dem Realen der Cavea liegend verkörpert der quer verlaufende, langgestreckte und schmale Raum des Proszeniums das *dromos*, eine Art Ziellinie einer hypothetischen Pferderennbahn, wie sie auf verschiedenen Dekors im Teatro Olimpico wiedergegeben ist. Gemeinsam mit der Orchesterfläche ist das Proszenium der undifferenzierte und neutrale Ort, der die Schauspieler in Fleisch und Blut sowie die ideelle Transfiguration der literarischen Texte und der Theateraufführung empfängt.
Die gesamte Kultur Vicenzas, die hämmernd von dem Tod bedrängt wurde, erkennt in der Idealität der Bühnenfront eine Revanche. Es handelt sich jedoch um eine vorübergehende Revanche, denn sie muß sich versteinern, um diesem Tod zu trotzen, aus dem Leben scheiden – trotz der potentiellen und vorgesehenen Gegenwart des Publikums in der Cavea. Diese Kultur muß die Geschichte einbalsamieren, die auf dem Wege war, die Welt des Rinascimento an andere und endgültige Ziele zu

geleiten.
Eine neue Utopie also, die, gemeinsam mit der Fiktion, nicht den Triumph, sondern die Niederlage einer endgültig der Vergangenheit angehörenden Welt besiegelt, und die nur die Poesie der Kunst durch ihre Kraft ausgleichen konnte.

X. Herkules, der Sohn eines Gottes und selbst Halbgott, der den Tod bezwingt, kann Christus gegenübergestellt werden – in einer Verbindung zweier Gestalten, die die klassische Vergangenheit mit dem Christentum verknüpft.
Doch innerhalb des Kontextes der Wahl der Akademie – die sich in der "olympischen" Dimension des auferstandenen Herkules, selbst definiert hatte – wurde ein Aspekt nicht berücksichtigt, über den es sich jedoch lohnen würde nachzudenken, obwohl dies im Augenblick zu keinem endgültigen Resultat führen wird.
Bekanntlich lautet das Motto der Olympier "Hoc opus, hic labor est", wie man auf dem Sockel des beschädigten Torso des Herkules lesen kann, der anläßlich der ersten, in dem ursprünglichen Sitz der Akademie in dem Stadtteil Porta Nuova im Jahre 1558 organisierten Olympischen Spiele angefertigt wurde und heute im Odeum des Teatro Olimpico ausgestellt ist.
Auf einem der eingerahmten Fresken des Antiodeums, auf denen um das Jahr 1595 die von der Akademie im Laufe der ersten Jahrzehnte ihres Bestehens organisierten Theateraufführungen und Festspiele abgebildet wurden, ist in der Mitte der Südwand eine hölzerne Pferderennbahn mit einem Bigarennen dargestellt.
Diese Struktur wurde mit jener Pferderennbahn identifiziert, die im Herbst 1576 auf dem Marsfeld für die Herkules geweihten Festspiele errichtet wurde, um die Fremden zu belustigen, die aus dem von der Pest verseuchten Venedig in das noch unverseuchte Vicenza geflüchtet waren. In der Mitte des Freskos stehen die Worte "Hoc opus", d. h. der erste Teil des Mottos der Olymischen Akademie, geschrieben.
Ein Relief mit der Darstellung einer Pferderennbahn und einem Quadrigarennen existierte bereits oberhalb des Wappens der Stadt Vicenza in dem Theater selbst. Auch hier beschränkte sich die Inschrift auf die ersten beiden Worte des Mottos der Olympischen Akademie. Im Laufe der kürzlich erfolgten Restaurierung stellte sich jedoch heraus, daß auf dem ursprünglichen Putz der vollständige Wortlaut des Mottos aufgetragen und unmittelbar später übermalt worden war.
Die Gründe für diese Abkürzung und Beschränkung lassen sich erklären, wenn man sich vor Augen führt, daß der Satz "Hoc opus, hic labor est" aus einem Vers der Äneis entnommen ist.
Die Sibylle von Cumä spricht diese Worte zu Äneas, der bald in die Unterwelt hinabbegleitet wird, in die sich, als erster Sterbliche vor ihm, Herkules begeben hatte und in die, nach ihm, Christus hinabsteigen wird.
Die Prophetin spricht zu dem Helden Trojas, daß es keine Mühe bereitet, in den Hades hinabzusteigen, "doch die Schritte wieder nach oben zu richten und an die frische Luft zu treten / dies ist die Pflicht, hierin liegt die Mühe".
Über Herkules wendet sich das Motto an die gesamte akademische Vereinigung; und es ist nicht ersichtlich, in welchen Hades diese hinabsteigen solle, oder hinabgestiegen wäre, um an das Licht der Kultur wieder hervorzutreten und somit dazu veranlaßt wäre, sich, mit der Erschaffung der Olympischen Akademie, lediglich des Resultates (*Hoc opus*: dies ist das Ziel) und nicht mehr der geleisteten Mühe (*hic labor est*: dies ist der Fleiß) zu rühmen.
Mit der Wahl der Tragödie des Ödipus, des unglückseligen obgleich königlichen Mannes (mit Sicherheit kein Sohn der Götter, wie Herkules und Äneas), für die Eröffnungsvorstellung hat man wahrscheinlich nicht wahrgenommen – da es bisher niemand vermerkte –, daß Theben, die Stadt des vom Unglück verfolgten Königs von Böotien, auch die Stadt des Herkules, des thebanischen Helden par excellence war – mit einer vielleicht zufälligen, jedoch durchaus verführerischen Übereinstimmung.
Bei dem Debüt der Tragödie des Ödipus wütete in Theben die Pest. Und von der Pest der Jahre 1577-78 hatte sich die Stadt Vicenza gerade erholt, als, aus Rache oder Beschwörung, innerhalb der berühmtesten kulturellen Vereinigung der Stadt beschlossen wurde, ein der Antike nachempfundes Theater zu er-

bauen – mit Standbildern verziert, die, nach so vielen Pestbeulen, das Gesamtbild des menschlichen Körpers wiederherstellen sollten. Eine Episode, die die Geister Vicenzas hart geprägt, und auf brutale Weise mit der Vorstellung und der Offensichtlichkeit des Todes konfrontiert hatte. Eine Episode, die vergessen, überwunden und umgangen werden mußte – wie bereits die beharrliche und antithetische Wiederholung des Emblemes der Pferderennbahn, die unmittelbar vor dem befürchteten Ausbruch der Epidemie als Ablenkung erbaut worden war, erahnen läßt.

XI. Hier ist nun der Augenblick gekommen, zu versuchen, einige der Gedanken unserer Abhandlung zu einem einheitlichen Geflecht zusammenzufassen. Die Hauptgedanken werden uns wiederum zur Behauptung der grundlegenden Tragik und Zweideutigkeit des "Phänomenes" des Teatro Olimpico und zu einer Reflexion über verschiedene "Tragödien" führen: Die simulierte und reflektierte Tragödie einer der Aufführung von Theaterstücken geweihten akademischen Vereinigung des Rinascimento, die fürchtet, ihren ersten, ständigen und äußerst ruhmreichen Sitz wegen des Dahinscheidens seines berühmten Architekten und Akademiemitgliedes nicht fertigstellen zu können. Die Tragödie des gesamten Akademiekörpers, der das Ende einer Epoche vorausahnt und, aus der Vorahnung heraus, dieses könnte sein eigenes Ende sein, nichts besseres ersinnt, als sich selbst, im Sinne einer befreienden Notlösung, durch ein Heer von Statuen abzubilden, die als Bildnisse in einem Theater – in "seinem" Theater – jene Rolle verkörpern sollen, die er in der Geschichte nicht mehr spielen kann. Die Tragödie, daß die Vollendung der Architektur und des Theaters einem anderen Architekten und Akademiemitglied, Scamozzi, anvertraut wird, der dem Konzept Palladios eine Wende aufzwingt – die mit der Aufführung einer griechischen Tragödie besiegelt wird –, die zugleich eine Flucht in die Vergangenheit und einen Riß in die ferne Zukunft, den Zusammenstoß und die Trennung zweier unheilbar auseinanderklaffenden Welten beinhaltet. Und schließlich die durch die Architektur dargestellte Tragödie einer ganzen Stadt, die, trotz der zehrenden Notwendigkeit der Erneuerung, lediglich in der Verschlossenheit dieser mystischen Höhle, lediglich im Traum der Fiktion die Zuflucht und Perfektion vor ihren Bestrebungen und Anwandlungen findet.
Tragisch war das Teatro Olimpico seit dessen Entstehung, und tragisch ist es in der Zukunft geblieben. Als vortreffliche Karikatur des Theaters der Antike – in seiner Zerbrechlichkeit des Holzes und des Stucks (die während Jahrhunderten seine Stärke darstellte, da niemand wagte, es zu benützen, aus Angst, es könnte dadurch verbraucht werden) – mit seiner Spärlichkeit und gleichzeitig pompösen Rhetorik beinhaltet es ein beeindruckendes Wissen und eine äußerst starke literarische Komponente klassischer Studien, durch die es seit seiner Geburt anachronistisch wird, jedoch gleichzeitig als ein kalkuliertes Produkt *in vitro*, als die Frucht der ausgefeiltesten kulturellen Alchemie.

XII. Und nun zur Zweideutigkeit des Teatro Olimpico: Wie Ödipus, der in der Tragödie nicht weiß, woher er kommt und nicht voraussehen kann, wohin er gehen wird – der versucht, zu wissen, und sich gleichzeitig scheut, zu erforschen –, so verweist dieses Bauwerk ständig auf sich selbt und auf etwas anderes. Zu sich selbst führt es zurück, und in sich selbst verklärt es sich, "bedeutet" und symbolisiert es – in einer kontinuierlichen Bejahung und Negation, Selbstverherrlichung und Zensur.
Als Ganzes gesehen genügt es sich selbst und ist als Architektur in sich geschlossen. Doch als Theater benötigt es unablässig das Publikum und die Aufführungen, um jedesmal die eigentlichen Gründe für seine Existenz vorzuweisen. Das Teatro Olimpico verschließt sich der Welt und will sie zugleich. Es besitzt seine auserwählte, unsterbliche Bevölkerung, benötigt jedoch das sterbliche Volk und sein auserlesenes Wesen. Es rezitiert und schweigt, alleine und gemeinsam, als Denkmal und Tempel der Fiktion.
Tatsächlich entspricht dieses Meisterwerk der Kunst und der menschlichen Existenz – in der Realität wie in der Illusion – in höchstem Maße der in der Natur des Menschen liegenden Verschiedenheit – des Menschen, der ein angeborenes Streben nach Aufführungen und Festspielen, ein grundlegendes Bedürfnis der Teilnahme, der Sozialisierung, "sich in die

Haut des ... zu versetzen" aufweist.
Indem dieses Theater das Verhalten der Besucher formt und verändert, versteht es, sich an die tiefsten Schichten des Unterbewußtseins zu wenden, und verwandelt alle in Schauspieler und Hauptdarsteller einer allumfassenden Inszenierung, die keine Abschweifungen oder Schiedsrichter zuläßt. Hierdurch reißt es die Versammelten in eine heldenhafte Dimension der Vergangenheit – doch mit seiner bedrohlichen Abwesenheit nagelt es jedermann an der Gegenwart fest: senile Erregung und pränatale Regression, Mutterleib und Sklerose. Ein Spielzeug, das in dem Dachspeicher der verlorengegangenen Gegenstände vergessen wurde und jedesmal für ein neues "Vergnügen" ausgegraben wird.
Hier, in seinem Inneren, in dieser Müllhalde der Sehnsüchte, in diesem Massengrab vollzieht sich ständig und unauslöschbar die Tragödie dieser Stadt und ihrer damaligen und heutigen Bewohner, einer Stadt und deren in den Statuen abgebildeten Hauptdarstellern – der durch den Schrecken versteinerten kriegerischen Literaten und Helden des Rinascimento der Stadt Vicenza – gemeinsam mit den agierenden Schauspielern, die jenen erneutes Leben geben.

Bibliographie

Falls nicht anderweitig angegeben, stammen die Zitate aus B. Ziggiotti, *Memorie dell'Accademia Olimpica*, Ms. Gonz. 21.11.2, Biblioteca Bertoliana, Vicenza. Bezüglich der Abschriften der Dokumente über das Teatro Olimpico, siehe G.C. Zorzi, 1969.

F. Anti, *Il Teatro Olimpico*, in *Vicetiae Ars*, Vicenza 1914.

E. Arnaldi, *Discorso intorno al soffitto della scena esteriore del Teatro Olimpico*, als Anhang in *Idea di un teatro*, Vicenza 1762.

F. Bandini, *Vorwort* zu *Bandiera fatta nella Città di Vicenza l'Anno MDLXXXVIII Adì 25 febbraio nel Theatro delli Sig. Academici Olimpici*, Vicenza 1985.

D. Barbaro, *I dieci libri dell'Architettura di M. Vitruvio*, Venezia 1556.

F. Barbieri, *Vicenza*, Vicenza 1952.

F. Barbieri, *Illuministi e neoclassici a Vicenza*, Vicenza 1972.

F. Barbieri, *Il Teatro Olimpico: dalla città esistenziale alla città reale*, in "Bollettino del Centro Internazionale di Studi di Architettura A. Palladio", XVI, 1974.

F. Barbieri, Vorwort zum Buch und Rede anläßlich der Rückkehr der Pianta Prospettica von 1580 nach Vicenza (19. November und 9. Dezember 1983), Vicenza 1984 (Anhang zu *Vicenza città bellissima*, Vicenza 1983).

F. Barbieri, *Vicenza Città di palazzi*, Milano 1987.

L. Beltrami, *Relazione sulle condizioni del Teatro Olimpico*, Vicenza 1902.

O. Bertotti-Scamozzi, *Origine dell'Accademia Olimpica e descrizione del suo teatro*, Vicenza 1790.

O. Calderari, *Discorso intorno alla copertura del Teatro Olimpico di Vicenza*, Padova 1762.

R. Cevese, *L'opera del Palladio*, in *Palladio*, Ausstellungskatalog, Venezia 1973.

A.M. Dalla Pozza, *Palladio di Vicenza*, Vicenza 1943.

G. Fasolo, *Come si giunse alla costruzione del Teatro Olimpico*, in *Eretenia*, Vicenza 1943.

A. Gallo, *La prima rappresentazione al Teatro Olimpico*, Vorwort von L. Puppi, Milano 1973.

D. Gioseffi, *Palladio e Scamozzi. Il ricupero dell'illusionismo integrale del teatro vitruviano*, in "Bollettino del Centro Internazionale di Studi di Architettura A. Palladio", XVI, 1974.

O. Giustiniani, *Edipo tiranno* (mit dem Brief von Filippo Pigafetta, in dem die Aufführungen des *König Ödipus* von Sophokles im Teatro Olimpico in Vicenza im Jahre 1585 beschrieben sind), hg. von F. Fiorese, Vicenza 1984.

J.W. Goethe, *Italienische Reise*, in *Goethes Werke*, Bd. 10, Berlin und Weimar 1966.

Il Berga. Teatro Romano, 2. Aufl., Vicenza 1980.

Il luogo teatrale a Firenze, Ausstellungskatalog, hg. von N. Fabbri, E. Garbero, L. Zorzi, A.M. Petrioli, Milano 1975.

A. Ingegneri, *Della poesia rappresentativa et del modo di rappresentare le favole sceniche*, Ferrara 1598.

L'architettura teatrale dall'epoca greca al Palladio, in "Bollettino del Centro Internazionale di Studi di Architettura A. Palladio", XVI, 1974.

L'architettura teatrale dal Palladio a oggi, in "Bollettino del Centro Internazionale di Studi di Architettura A. Palladio", XVI, 1975.

L. Magagnato, *Teatri italiani del Cinquecento*, Venezia 1954.

L. Magagnato, *Il segreto della scenografia del Teatro Olimpico*, in "Gazzettino Sera", 9-10, September 1955.

L. Magagnato, *Il Teatro italiano nel Cinquecento*, Ausstellungskatalog, Vicenza 1974.

L. Magagnato, *Gli studi per il Teatro Olimpico*, in *Vicenza illustrata*, Vicenza 1976.

A. Magrini, *Il Teatro Olimpico nuovamente descritto e illustrato*, Padova 1847.

F. Mancini, M.T. Muraro, E. Povoledo, *I Teatri del Veneto*, II, Venezia 1985, S. 197-233.

G. Nogara, *Cronache degli spettacoli nel Teatro Olimpico di Vicenza dal 1585 al 1970*, Einleitung von Neri Pozza, Vicenza 1972.

L. Olivato, *Il luogo del Teatro palladiano degli "Accesi"*, in *Palladio e Venezia*, hg. von L. Puppi, Firenze 1982.

L. Olivato, L. Puppi, *Andrea Palladio Accade-*

mico Olimpico, in *Andrea Palladio. Il testo, l'immagine, la città*, Ausstellungskatalog, Milano 1980, S.166-200.

C. Ossola, *Dal "cortigiano" all'"uomo di mondo", Torino 1987.*

F. Pigafetta, Due lettere descrittive l'una dell'ingresso della Imperatrice Maria d'Austria nell'anno 1581 e l'altra della recita nel Teatro Olimpico dell'Edipo di Sofocle nel 1585, Padova 1830.

A. Pinelli, *I teatri. Lo spazio dello spettacolo dal teatro umanistico al teatro dell'opera*, Firenze 1973.

N. Pozza, *Edipo tiranno per la recita inaugurale del Teatro Olimpico nel carnevale 1585*, in *Vicenza illustrata*, Vicenza 1976.

L. Puppi, *La rappresentazione inaugurale dell'Olimpico*, in "Critica d'Arte", H. 51, Mai-Juni 1952.

L. Puppi, *La rappresentazione inaugurale del Teatro Olimpico. Appunti per la restituzione di uno spettacolo rinascimentale*, in "Critica d'Arte", H. 50 u. 51, 1962.

L. Puppi, *Il Teatro Olimpico*, Vicenza 1963.

L. Puppi, *Palladio*, Firenze 1966.

L. Puppi, *Breve storia del Teatro Olimpico*, Vicenza 1973 (zit. als 1973[a]).

L. Puppi, *Palladio. L'opera completa*, Venezia 1973 (zit. als 1973[b]).

L. Puppi, *Le esperienze scenografiche palladiane prima dell'Olimpico*, in "Bollettino del Centro Internazionale di Studi di Architettura A. Palladio", XVI, 1974.

G. Ricci, *Teatri d'Italia*, Milano 1971.

F. Rigon, *Edipo re. La rappresentazione del 1847 all'Olimpico di Vicenza*, Vicenza 1987.

F. Rigon, *Vicenza e Palladio*, in *Vicenza e Palladio*, Torino 1987.

M. Saccardo, *Le statue di Giacomo Cassetti al Teatro Olimpico di Vicenza*, in "Bollettino del Centro Internazionale di Studi di Architettura A. Palladio", XXII, II, 1980.

R. Schiavo, *Il Teatro Olimpico in "Omaggio a Palladio"*, in "Vicenza Economica", Vicenza, März 1973.

R. Schiavo, *Costumi per l'Olimpico*, in *Olimpico vivo*, Vicenza 1977.

R. Schiavo, *Guida al Teatro Olimpico*, Vicenza 1980.

B. Tecchi, *Goethe in Italia (e in particolare a Vicenza...)*, Vicenza 1967 (2. Aufl. 1979).

Vicenza città bellissima. Iconografia vicentina a stampa dal XV al XIX secolo, Vicenza 1983.

Virgilio, *Eneide*, ins Ital. übers. von Rosa Calzecchi Onesti, 3. Aufl., Milano 1981.

G.G. Zorzi, *Il Teatro Olimpico nel suo splendore*, in "Atti dell'Accademia Olimpica", Vicenza 1909.

G.G. Zorzi, *Andrea Palladio e il Teatro Olimpico*, in *Questa è Vicenza*, Vicenza 1955.

G.G. Zorzi, *Tre scultori lombardi e le loro opere nel Teatro Olimpico: Ruggero Bascapé, Cristoforo Milanese e Domenico Fontana*, in "Arte Lombarda", V, H. 2, 1961.

G.G. Zorzi, *Le ville e i teatri di A. Palladio*, Vicenza 1969.

16.3. – 15.10. 09^30 – 12^20. 15^00 – 17^30
16.10. – 15.3. 9^30 – 12^20

Druck für Electa
Fantonigrafica, Venedig